渔政执法海洋捕捞类系列培训教材

海洋渔业行政执法实用手册

唐议 夏 亮 褚荣良 编著

HAIYANG YUYE
XINGZHENG ZHIFA
SHIYONG SHOUCE

中国农业出版社
农村读物出版社
北 京

前 言
FOREWORD

  2018 年新一轮党和国家机构改革后，我国海洋渔业执法工作情况又发生了很大变化。一是海警机构与沿海各省渔业行政主管部门及渔政执法机构分别承担机动渔船底拖网禁渔区线两侧的渔业行政执法任务。二是农业综合行政执法改革启动，许多过去从事农业其他领域执法工作的执法人员加入渔政执法队伍。同时，渔政执法队伍进入新老交替阶段：老一辈渔政执法同志逐步退出一线执法岗位，一些毕业于高等院校的年轻同志加入渔政队伍中，成为新鲜血液。三是沿海各省逐步开始组建海洋综合执法队伍，独立或根据有关主管部门委托统一完成海洋渔业、海洋自然资源、海洋生态环境等方面的执法任务。

  为了适应海上新的统一执法体制的要求，促进海上执法队伍的融合，大量的海上执法人员亟须熟悉渔业行政执法的相关业务知识，中国渔政指挥中心组织相关专家和具有一线执法实践经验的专业人员，对海上统一执法过程中的有关渔业行政执法问题进行了综合梳理和归纳，编写了《海洋渔业行政执法实用手册》，内容包括"海洋渔业基本制度及有关概念""海洋渔业行政执法实务""海洋渔业行政执法案例"和"附录"四个部分。

其中，第一部分"海洋渔业基本制度及有关概念"简明扼要地介绍了渔业捕捞证许可制度、捕捞配额制度、渔业资源保护、水生野生动物保护与管理、《联合国海洋法公约》的渔业制度、联合国禁止公海大型流刺网的决议、中日渔业协定、中韩渔业协定、中越北部湾渔业协定、渔业安全生产管理、渔业水域环境保护等 11 个方面 39 个要点。

第二部分"海洋渔业行政执法实务"包括海洋渔业行政执法的任务内容、组织指挥、案件管辖、执法流程，以及 4 大类 53 种海洋渔业违法案件查处的具体内容。

第三部分"海洋渔业行政执法案例"选取一个较为典型的海洋渔业行政执法案例，介绍了海洋渔业行政执法办案过程、文书制作及有关的注意事项。

在附录中，本手册列出了我国周边海域主要经济鱼类的简要特征和体长测定方法，主要捕捞作业方式简介及网目尺寸测定方法，农业部关于最小网目尺寸和禁用渔具的通知，中日、中韩渔业协定和中越北部湾渔业合作协定水域示意图，已经对外公布的中华人民共和国领海基线基点，国家一级和二级重点保护的水生野生动物中的海洋动物简介及其图片，我国周边有关国家和地区的旗帜图片，农业部批准的国家级水产种质资源保护区（海洋部分），以及海洋渔业行政处罚速查表，以表格的形式列举了53种海洋渔业违法行为名称、违反的法律法规条款、处罚依据，及处罚对象、种类和幅度。

《海警法》明确规定，海警机构承担机动渔船底拖网禁渔区线外侧渔业行政执法活动，因此在附录"海洋渔业行政处罚速查表"等直接引用法律法规章条款原文规定的部分，仍使用原文中对执法主体的表述。

本手册图文并茂，具有较强的实用性、针对性和可操作性，突出了海洋渔业依法行政的重点，既可以作为初次从事海洋渔业行政执法人员培训教材，也能为已经从事海上渔业行政执法人员提供一本较为全面详细的实用参考手册。

希望《海洋渔业行政执法实用手册》能够对广大的海上一线执法人员有所帮助，疏漏之处，敬请批评指正。

编　者

2023年1月

.

目　录
CONTENTS

前言

第一部分
海洋渔业基本制度及有关概念

一、渔业捕捞许可证制度

1. 渔业捕捞许可证制度

渔业捕捞许可证制度，是指为了保护和合理利用渔业资源，控制捕捞强度，调整渔业生产结构，维护渔业生产秩序，保障渔业生产者合法权益，由政府渔业行政管理部门根据公民、法人或其他组织的申请，通过颁发渔业捕捞许可证，赋予符合法定条件的申请者从事捕捞的权利或获得捕捞资格的许可制度。

被许可人获得渔业捕捞许可证后，应按渔业捕捞许可证核准的事项和许可的条件开展渔业捕捞活动。政府渔业行政管理部门和渔业行政执法机构监督被许可人是否按渔业捕捞许可证核准的内容和条件开展渔业活动。

2. 渔业捕捞许可证及其种类

渔业捕捞许可证是捕捞生产者取得渔业捕捞许可的法定凭证，也是渔业行政管理部门和渔业行政执法机构对经许可的渔业捕捞生产活动进行监督检查的依据。

按照《渔业捕捞许可管理规定》，我国的渔业捕捞许可证分为 8 种，其中海洋渔业捕捞许可证有以下 7 种：

（1）海洋渔业捕捞许可证：适用于许可在我国管辖海域的捕捞作业，是我国渔民和渔船在我国管辖海域内从事捕捞作业的基本许可证。

（2）公海渔业捕捞许可证：适用于许可我国渔船在公海的捕

捞作业。国际或区域渔业管理组织有特别规定的，须同时遵守有关规定。

（3）专项（特许）渔业捕捞许可证：适用于许可在特定水域、特定时间或对特定品种的捕捞作业，包括在海洋 B 类渔区的捕捞作业，与海洋渔业捕捞许可证同时使用。

（4）临时渔业捕捞许可证：适用于许可临时从事捕捞作业或非专业渔船从事捕捞作业。

（5）休闲渔业捕捞许可证：适用于许可从事休闲渔业的捕捞活动。

（6）外国渔船捕捞许可证：适用于许可外国船舶、外国人在我国管辖海域从事捕捞作业。

（7）捕捞辅助船许可证：适用于许可为渔业捕捞生产提供服务的渔业捕捞辅助船从事捕捞辅助活动。

3. 渔业捕捞许可证的有效期及年审

海洋渔业捕捞许可证使用有效期为 5 年；其他种类渔业捕捞许可证的使用有效期根据实际需要确定，但最长不超过 3 年。

使用达到农业农村部规定的老旧渔业船舶船龄的渔船从事捕捞作业的，发证机关核发其渔业捕捞许可证时，证书使用期限不得超过渔业船舶检验证书记载的有效期限。

有效期 1 年以上的渔业捕捞许可证实行年度审验制度，每年审验一次。年审由发证机关负责，年审合格的，由审验人签字、注明日期、加盖公章。不合格的，年审机关可责令持证人限期改正，再审验一次。经再审验合格的，其渔业捕捞许可证有效。

4. 渔业捕捞许可证核定的渔区

渔业捕捞许可证中明确核定持证人渔船的作业渔区，海洋捕捞的作业场所分为以下 4 类：

（1）A 类渔区：渤海、黄海、东海和南海及北部湾等海域机动渔船底拖网禁渔区线向地一侧的海域。

（2）B 类渔区：我国与有关国家缔结的协定确定的共同管理

渔区、南沙海域、黄岩岛海域及其他特定渔业资源渔场和水产种质资源保护区。

（3）C类渔区：渤海、黄海、东海和南海及其他我国管辖海域中除A类、B类渔区之外的海域。其中黄渤海区为C1、东海区为C2、南海区为C3。

（4）D类渔区：公海。

捕捞渔船必须在渔业捕捞许可证所核定的作业场所作业。捕捞许可证核定的B类渔区，要明确渔区、渔场或保护区的具体名称；公海要明确作业海域的名称。

作业场所核定为B类、C类的，不得跨海区界限作业。作业渔区核定在A类的，不得跨省、自治区、直辖市管辖水域界限作业。持作业水域主管机关核发的临时渔业捕捞许可证的跨界作业除外。

5. 渔业捕捞许可证核定的作业类型

海洋捕捞的作业类型分为以下12类：

刺网、围网、拖网、张网、陷阱、钓具、耙刺、笼壶、敷网、抄网、掩罩和地拉网。

渔业捕捞许可证按上述类型明确核定持证人渔船的作业类型，且不得超过其中的两种，并明确每种作业类型的具体作业方式。拖网、张网不得与其他作业类型兼作，其他作业类型不得改为拖网、张网作业。捕捞辅助船不得直接从事捕捞作业，所携带的渔具应捆绑、覆盖。

6. 船网工具指标管理

船网工具控制指标，是指渔船的数量及其主机功率数值、网具或其他渔具的数量的最高限额。申请取得渔业捕捞许可证，除了符合法定的其他条件外，首先要获得船网工具指标。因此，船网工具指标管理是渔业捕捞许可申请审批的前置性管理。

捕捞渔船的船网工具指标管理是我国渔业捕捞许可证制度中控制捕捞投入的一项基本管理制度，是为了限制渔船数量、主机功率、渔具数量，保护和合理利用渔业资源。

7. 捕捞渔船数量和主机功率控制（双控）

目前，我国海洋捕捞船网工具指标控制的内容主要是捕捞渔船数量和主机功率，简称"双控"。全国海洋捕捞"双控"指标由农业农村部制定，报经国务院批准后，向有关省、自治区、直辖市下达。县级以上人民政府渔业行政主管部门在本行政区域内发放渔业捕捞许可证时，应控制渔船数量和主机功率，不得超过国家下达的"双控"指标。

渔船数量直接通过渔业捕捞许可证数量进行限制。渔船主机功率指标通过渔业船网工具指标批准书核定。

8. 无效渔业捕捞许可证

无效渔业捕捞许可证指不具备法律效力的渔业捕捞许可证。具有任何下列情况之一的，均为无效渔业捕捞许可证：

（1）逾期未年审或年审不合格的；

（2）证书载明的渔船主机功率与实际主机功率不符的；

（3）以欺骗或者涂改、伪造、变造、买卖、出租、出借等非法方式取得的；

（4）被撤销、注销的。

在海洋渔业执法实践中，使用无效渔业捕捞许可证，或者无正当理由不能提供渔业捕捞许可证的，均为无证捕捞。

二、捕捞配额制度

1. 捕捞限额制度

捕捞限额制度是《中华人民共和国渔业法》明确规定的一项捕捞业基本管理制度。

《中华人民共和国渔业法》规定："国家根据捕捞量低于渔业资源增长量的原则，确定渔业资源的总可捕量，实行捕捞限额制度……中华人民共和国内海、领海、专属经济区和其他管辖海域的捕捞限额总量由国务院渔业行政主管部门确定，报国务院批准后逐级分解下达；国家确定的重要江河、湖泊的捕捞限额总量由有关省、自治区、直辖市人民政府确定或者协商确定，逐级分解下达……。"

2. 捕捞配额

捕捞配额是指在对捕捞生产规模控制的情况下，对捕捞渔船数量、捕捞产量（渔获量）等的数额限制，一般有渔船数量配额、捕捞产量配额等。一般而言，渔船数量配额按不同的作业类型分配，捕捞产量配额按捕捞鱼种分配。

捕捞配额既包括在一个国家范围内政府对本国渔民、渔船分配的渔船数量配额、捕捞产量配额，也包括一个国家对他国渔民、渔船在其管辖水域从事捕捞生产活动的渔船数量配额、捕捞产量配额，还包括国际渔业管理组织对不同国家在同一区域或捕捞相同鱼种的渔船数量配额、捕捞产量配额。

三、渔业资源保护

1. 禁渔期和海洋伏季休渔

禁渔期是指根据渔业资源的生存繁衍规律和开发利用状况，在一定的时间范围内部分禁止或全面禁止捕捞作业，或禁止某种渔具或捕捞方法。禁渔期的设定一般是在渔业资源的产卵、繁殖或幼体发育的时间，主要目的是通过保护渔业资源的繁殖和生长发育来保护渔业资源的再生能力。

海洋伏季休渔制度是我国海洋渔业资源养护的一项重要制度，主要依据是我国大多数海洋渔业资源种类的繁殖期集中在夏季。夏季在中国农历称为伏季，因此称为海洋伏季休渔。根据农业农村部《关于调整海洋伏季休渔制度的通知》，2021 年休渔内容主要为：每年夏季在渤海、黄海、东海和南海的不同海域，分别针对不同的捕捞作业类型，实施 4 个半月至 5 个半月的禁渔期。捕捞辅助船原则上可执行所在海域的最长休渔时间规定，从事特殊经济品种专项捕捞的渔船执行专项捕捞许可制度，休渔渔船原则上应当回所属船籍港休渔。渔船的具体种类、作业时间、作业类型、作业海域等情况由沿海各省、自治区、直辖市渔业主管部门报农业农村部批准后执行。此外，所有海域小型张网渔船每年自5月1日12时起休渔，且不少于3个月，具体时间由沿海各省、自治区、直辖市政府渔业行政主管部门确定，报农业农村部备案。

不同海域的海洋伏季休渔的作业类型、时间安排为：

（1）35°00′N以北的渤海和黄海海域为5月1日12时至9月1日12时。

（2）35°00′N～26°30′N的黄海和东海海域为5月1日12时至9月16日12时；桁杆拖虾、笼壶类、刺网和灯光围（敷）网休渔时间为5月1日12时至8月1日12时。

（3）26°30′N～12°00′N的东海和南海海域为5月1日12时至8月16日12时。

2. 禁渔区和机动渔船底拖网禁渔区

禁渔区是指根据渔业资源的生存繁衍规律和开发利用状况，在一定的区域内部分禁止或全面禁止捕捞作业，或禁止某种渔具或捕捞方法。禁渔区一般设定在渔业资源的产卵、繁殖或幼体发育的场所，或者在鱼类等重要的洄游通道或栖息地。

机动渔船底拖网禁渔区是目前我国最大的海洋禁渔区，北起鸭绿江口，南至北仑河口，在该禁渔区内禁止机动渔船使用底层拖网捕捞作业。主要依据是我国沿岸海域是大多数海洋渔业资源种类的产卵场和幼鱼索饵场，机动渔船底拖网作业对鱼类产卵亲体和幼体具有极大的破坏性，同时这种作业也容易与沿岸小型渔船定置刺网作业产生纠纷。

机动渔船底拖网禁渔区线也是国家和沿海地方渔场管辖的分界线，该线内侧海域由毗邻海域的省、自治区、直辖市政府渔业行政主管部门监督管理，外侧由农业农村部和国家海洋渔业行政执法部门管理。根据全国人民代表大会常务委员会关于中国海警局行使海上维权执法职权的决定（2018年6月22日第十三届全国人民代表大会常务委员会第三次会议通过）及《中华人民共和

《国海警法》的规定，机动渔船底拖网禁渔区限外侧海域的渔业执法检查由中国海警局承担。

根据 1955 年 6 月 8 日颁布的《中华人民共和国国务院关于渤海、黄海及东海机轮拖网渔业禁渔区的命令》以及 1980 年 1 月 5 日颁布的《国务院、中央军委批转国家水产局关于划定南海区和福建省沿海机动渔船底拖网禁渔区线的意见》我国机轮拖网渔业禁渔区线共由 40 个基点（含北部湾）联结而成。各基点坐标见表 1-1。

表 1-1　海洋机动渔船底拖网禁渔区线基点坐标表

序　号	坐标点	海域
第 1 点	39°33′00″N，124°00′00″E	
第 2 点	38°56′00″N，123°20′00″E	
第 3 点	38°40′00″N，121°00′00″E	
第 4 点	39°30′00″N，121°00′00″E	
第 5 点	40°00′00″N，121°20′00″E	
第 6 点	40°00′00″N，120°30′00″E	
第 7 点	38°56′00″N，119°00′00″E	
第 8 点	38°12′00″N，119°00′00″E	
第 9 点	37°50′00″N，120°00′00″E	渤海
第 10 点	38°05′00″N，120°30′00″E	黄海
第 11 点	38°05′00″N，121°00′00″E	东海
第 12 点	38°00′00″N，121°00′00″E	
第 13 点	37°20′00″N，123°03′00″E	
第 14 点	36°48′10″N，122°44′30″E	
第 15 点	35°11′00″N，120°38′00″E	
第 16 点	30°44′00″N，123°25′00″E	
第 17 点	29°00′00″N，122°45′00″E	
第 18 点	27°30′00″N，121°30′00″E	
第 19 点	27°00′00″N，121°10′00″E	

（续）

序 号	坐标点	海域
第 20 点	26°05′00″N，120°40′00″E	福建
第 21 点	25°18′00″N，120°05′00″E	
第 22 点	24°52′00″N，119°38′00″E	
第 23 点	24°00′00″N，118°30′00″E	
第 24 点	23°10′00″N，117°40′00″E	南海
第 25 点	23°00′00″N，117°25′00″E	
第 26 点	22°05′00″N，115°10′00″E	
第 27 点	22°05′00″N，114°50′00″E	
第 28 点	21°30′00″N，114°00′00″E	
第 29 点	21°00′00″N，111°20′00″E	
第 30 点	20°00′00″N，111°35′00″E	
第 31 点	18°30′00″N，110°40′00″E	
第 32 点	17°50′00″N，109°50′00″E	
第 33 点	18°00′00″N，109°40′00″E	
第 34 点	18°20′00″N，108°30′00″E	北部湾
第 35 点	18°45′00″N，108°20′00″E	
第 36 点	19°20′00″N，108°20′00″E	
第 37 点	20°00′00″N，109°00′00″E	
第 38 点	20°50′00″N，108°50′00″E	
第 39 点	21°00′00″N，108°30′00″E	
第 40 点	21°31′00″N，108°04′00″E	

3. 禁止使用的渔具和捕捞方法

在国家层面，海洋捕捞禁用渔具根据《农业部关于禁止使用双船单片多囊拖网等十三种渔具的通告》（农业部通告〔2013〕2号）确定。《渔业法》还授权省级渔业行政主管部门自行规定本行政区域所辖海域内的禁用渔具。部分海洋机动渔船底拖网禁渔区示意图见图 1-1。

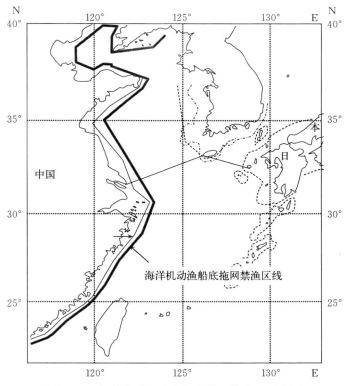

图 1-1　部分海洋机动渔船底拖网禁渔区示意图

4. 可捕标准、幼鱼比例和最小网目尺寸

可捕标准是指允许捕捞的水生动物的最小规格，一般以捕捞对象首次性成熟的体长、体重、年龄等来确定，以体长标准居多。

幼鱼比例是指渔获物中低于可捕标准的幼鱼总量所占比例的最大值，通常用一个航次或网次的渔获物比例计算，高于此比例即为违法。

最小网目尺寸指允许的网具各部位网目尺寸的最小值，低于此最小值即为违法。现行海洋渔具最小网目尺寸依照《农业部关于实施海洋捕捞准用渔具和过渡渔具最小网目尺寸制度的通告》的规定执行。

5. 水产种质资源保护区

水产种质资源保护区是指根据具有较高经济价值和遗传育种价值的水产种质资源的数量、分布区域、生态特点等情况，在水产种质资源的主要生长繁育区域建立的保护区，保护水产种质资源及其生存环境。未经国务院渔业行政主管部门批准，任何单位或者个人不得在水产种质资源保护区内从事捕捞活动。禁止在水产种质资源保护区内从事围湖造田、围海造地或围填海工程。禁止在水产种质资源保护区内新建排污口；在水产种质资源保护区附近新建、改建、扩建排污口，应当保证保护区水体不受污染。

渔业行政主管部门针对水产种质资源保护区主要保护对象的繁殖期、幼体生长期等生长繁育关键阶段设定特别保护期。特别保护期内不得从事捕捞、爆破作业以及其他可能对保护区内生物资源和生态环境造成损害的活动。特别保护期外从事捕捞活动，应当遵守《渔业法》及有关法律法规的规定。

水产种质资源保护区可设定核心区、实验区，在核心区可设定特别保护期。图1-2是东海带鱼国家级水产种质资源保护区示意图。在已批准的第一批至第十二批国家级水产种质资源保护区中，位于海洋中的国家级水产种质资源保护区见附录七。

四、水生野生动物保护与管理

1. 国家重点保护的水生野生动物

国家重点保护的水生野生动物是指国家重点保护珍贵、濒危水生野生动物。我国现有法律规定，国务院渔业行政主管部门主管全国水生野生动物管理工作，制定和公布国家重点保护的野生动物名录，对列入名录的珍贵、濒危水生野生动物实施重点保护。国家重点保护的水生野生动物分为一级保护动物和二级保护

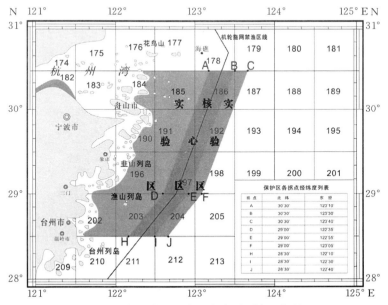

图 1-2　东海带鱼国家级水产种质资源保护区

动物，一级保护野生动物指具有重要的科学研究价值和经济价值，数量稀少或者濒于灭绝的野生动物；二级保护野生动物，指具有科学研究价值和经济价值，数量较少或者有濒于灭绝危险的野生动物。

2. 水生野生动物特许捕捉

我国法律禁止捕捉、杀害国家重点保护的水生野生动物。对属于科学研究、种群调控、疫源疫病监测或者其他特殊情况需要猎捕的，须依法申请并获得特许猎捕证，按特许猎捕证规定的捕捉种类、数量、地点、期限、工具和方法进行捕捉。特许猎捕证一次有效，并附有一定的期限。超过期限的就失去效力。

3. 水生野生动物经营利用与运输

我国法律禁止出售、购买、利用国家重点保护的水生野生动物或其产品。但科学研究、人工繁育、公众展示展演、文物保护或者其他特殊情况需要收购、出售、利用和运输的，须向渔业行政主管部门申请取得经营利用许可证，依法进行经营利用和运输。收购、出售、利用的国家重点保护的水生野生动物或其产品，必须是依法获得的。

4. 水生动植物自然保护区

水生动植物自然保护区是指为保护水生动植物物种，特别是具有科学、经济和文化价值的珍稀濒危物种、重要经济物种及其自然栖息繁衍生境而依法划出一定面积的土地和水域，予以特殊保护和管理的区域。

我国法律禁止在水生动植物自然保护区进行砍伐、放牧、狩猎、捕捞、采药、开垦、烧荒、开矿、采石、挖沙、爆破等活动。禁止在水生动植物自然保护区域的核心区和缓冲区内新建生产设施，对于已有的生产设施，其污染物的排放必须达到国家规定的排放标准。

五、《联合国海洋法公约》的渔业制度

1. 领海及其渔业制度

领海是领海基线向海一侧，邻接内水或海岸，处于沿海国主权管辖和支配下的一定宽度的一带海域。对于群岛国的情况，领海是邻接群岛国的群岛水域，处于群岛国主权管辖和支配下的一定宽度的一带海域。沿海国的主权及于领海的上覆水域及其上空、海床和底土。根据《联合国海洋法公约》的规定，沿海国的领海宽度从领海基线量起不应超过 12 海里。根据《中华人民共和国领海及毗连区法》，我国的领海宽度从领海基线量起 12 海里。

我国的领海基线采用直线基线法划定，由各相邻基点之间的直线连线组成。领海的外部界限为一条其每一点与领海基线的最近点距离等于 12 海里的线。

沿海国对于领海内的一切渔业活动都可实施主权管辖。未经沿海国同意，任何国家不得在领海内开发或利用渔业资源，或者从事其他渔业活动。外国船舶在沿海国领海内享有无害通过权，但在无害通过的时候，不得从事任何捕鱼活动、渔业资源调查等渔业活动，也不得转载渔获物及其制品、上下人员等。

2. 毗连区及其渔业问题

毗连区是领海以外，邻接领海的一定宽度的水域，沿海国在毗连区有权为防止或惩治在沿海国的领土或领海内违犯沿海国海关、财政、移民或卫生方面的法律规章而进行必要的管制。在我国，这种管制权包括安全方面。《联合国海洋法公约》规定，沿海国毗连区的宽度从领海基线量起不得超过 24 海里。根据《中华人民共和国领海与毗连区法》，我国毗连区的宽度为 12 海里，其外部界限为一条其每一点与领海基线的最近点距离等于 24 海里的线。

毗连区的法律地位是根据沿海国是否主张了专属经济区而定的。如果沿海国家宣布了专属经济区，其毗连区属于专属经济区性质。如果沿海国家未宣布专属经济区，则其毗连区为公海性质。

根据沿海国对其毗连区所拥有的管制权，未经沿海国同意，外国渔船不得在沿海国毗连区内随意驳载鱼货或渔需物资等货物，也不得在船与船之间相互转移或交换货币、人员，并且要遵守沿海国在卫生防疫或安全方面的规定。如果沿海国宣布了专属经济区，渔业问题按照专属经济区制度进行处理。

3. 专属经济区及其渔业制度

专属经济区是沿海国领海之外并邻接领海的一个特殊区域，该区域的范围从测算领海宽度的基线量起，不应超过 200 海里。根据《中华人民共和国专属经济区和大陆架法》，我国的专属经济区是领海以外并邻接领海的区域，从领海基线量起延至 200 海里。我国与海岸相邻或者相向国家关于专属经济区的主张重叠的，在国际法的基础上按照公平原则以协议划定界限。

在专属经济区内，沿海国享有以勘探和开发、养护和管理专属经济区上覆水域及其海床和底土的自然资源为目的的主权权利，以及在该区域内从事其他经济性开发和勘探的主权权利，对人工岛屿和海上有关设施的建造和使用、海洋科学研究、海洋环境保护和保全等事项具有一定的管辖权；其他国家享有航行自由、飞越自由、铺设海底电缆和管道的自由，以及与这些自由有关的其他海洋国际合法用途。沿海国以及其他国家在专属经济区内分别所享有的权利和自由，均受到《联合国海洋法公约》有关规定的限制。

沿海国在专属经济区享有开发利用、养护和管理海洋生物资源的主权权利。其他国家未经沿海国允许，不得在沿海国专属经济区从事任何渔业活动。为养护专属经济区生物资源，沿海国应决定专属经济区生物资源的可捕量，并可采取正当的养护和管理措施。沿海国还应决定其捕捞专属经济区生物资源的能力。在沿海国没有能力捕捞专属经济区生物资源全部可捕量的情况下，应通过协定或其他安排，准许其他国家捕捞可捕量的剩余部分。

4. 公海及其渔业制度

公海是指不包括在国家的内水、领海、专属经济区或群岛国的群岛水域内，不受任何国家管辖和支配的全部水域。公海对所有国家开放，所有国家在公海均享有航行自由、飞越自由、捕鱼自由、铺设海底电缆和管道的自由、建造国际法所允许的人工岛屿和其他设施或构造的自由、科学研究自由。

公海渔业制度的基本原则是公海捕鱼自由，所有国家均有权由其国民在公海上捕鱼。同时，《联合国海洋法公约》规定，所有国家均有义务为该国国民采取，或与其他国家合作采取养护公海生物资源的必要措施，并强调各国应为养护和管理公海生物资源而互相合作。对于海洋哺乳动物，有关国际组织可进行更为严格的禁止、限制和管制。对于鲸类，尤其应通过适当的国际组织，致力于这种动物的养护、管理和研究。

目前公海渔业的捕捞对象主要是跨界鱼类种群和高度洄游鱼类种群。所谓跨界鱼类种群，特指同一种群或有关联鱼种的几个种群，同时出现在两个或两个以上的沿海国的专属经济区内，或既出现在专属经济区内，又出现在专属经济区外的邻接区域，例如大洋性鱿鱼、白令海狭鳕。所谓高度洄游鱼类种群，是指在大洋里作长距离洄游、游泳速度较快的种群。这些种群常出现在专属经济区以及专属经济区外的邻接水域。《联合国海洋法公约》在其附件一中列出了 17 种高度洄游种群的鱼种，主要是金枪鱼类、乌鲂、秋刀鱼、鲯鳅、大洋性鲨鱼类、鲸类。

对于跨界鱼类种群和高度洄游鱼类种群的管理，联合国专门召开会议于 1995 年 8 月 4 日通过了《执行 1982 年 12 月 10 日〈联合国海洋法公约〉有关养护和管理跨界鱼类种群和高度洄游鱼类种群的规定的协定》（简称《联合国鱼类种群协定》），该协定于 2001 年 12 月 11 日生效。根据《联合国海洋法公约》和《联合国鱼类种群协定》的规定，各国应通过区域性国际渔业管理组织或安排进行合作，对跨界鱼类种群和高度洄游鱼类种群进行养护与管理；由区域性国际渔业管理组织或安排制订和督促执行有关的养护和管理措施，并向捕鱼国分配可捕量和渔船数配额；只有参与区域性国际渔业管理组织或安排的国家，或同意适用区域性国际渔业管理组织或安排制订的养护和管理措施的国家，才可以捕捞适用这些养护和管理措施的渔业资源。公海捕鱼国和有关沿海国应向区域性国际渔业管理组织或安排提供渔业生产和研究数据资料，并参与对公海渔船的国际联合监督检查，包括公海登临检查合作、观察员制度、港口国对港口内他国公海渔船的检查处理等。目前，已经有 20 个区域性国际渔业管理组织，所涉海域几乎覆盖了全球海洋的主要渔业区域。

六、联合国大会禁止公海大型流刺网的决议

1. 联合国大会禁止公海大型流刺网的决议

由于大型流刺网作业对海洋生态系统具有极大的危害，造成海洋生物资源浪费及大量海洋哺乳动物、海龟、海鸟兼捕，并对海上航运造成影响，1989—1991年，第44届、第45届、第46届联合国大会连续三次通过决议要求逐步禁止公海大型流刺网作业。第46届联合国大会（篇称联大）通过的46/215号决议要求，从1992年1月1日起，减少公海大型流刺网渔业的捕捞强度，至1992年12月31日，确保在全球公海全面禁止大型流刺网作业。

2. 中美北太平洋渔业联合巡航执法

38°N以北、167°E以西的北太平洋公海，鱿鱼资源丰富。早在20世纪80年代以前，世界上不少国家就在该海域进行鱿鱼钓和流网作业。中国西北太平洋鱿鱼钓业始于1990年，1991年以后东移至北太平洋。20世纪90年代后期，由于中日、中韩渔业协定的签订和实施，中国渔船的作业空间进一步缩小，原来从事近海捕捞的群众渔业渔船纷纷进入北太平洋从事鱿鱼钓作业，鱿鱼钓业成为涉及国内30多家渔业企业、400多艘鱿鱼钓渔船、上万渔民和数万加工、销售人员的重要产业，在我国的远洋渔业中占据着重要地位。

为有效贯彻执行联合国大会关于禁止公海大型流刺网的决议，1993年12月3日，我国和美国签署了《中华人民共和国政府和美利坚合众国政府关于有效合作和执行一九九一年十二月二十日联合国大会46/215决议的谅解备忘录》（简称"中美北太平洋渔业联合执法谅解备忘录"），中国渔政和美国海岸警卫队在北太平洋公海联合执法，监督联大46/215决议的执行。联合执法的内容包括：从1994年起，我国每年派遣渔政检查人员搭乘美国海岸警卫队舰艇，在北太平洋公海海域检查是否有大型流刺网

捕捞作业。2002年起，我国每年都派1～2艘中国渔政执法船在北太平洋鱿鱼钓作业季节到北太平洋公海巡航，与美国海岸警卫队的执法舰艇联合巡航执法，监督检查北太平洋大型流刺网作业。2007年起，赴北太平洋公海执法的中国渔政船，除完成与美国海岸警卫队联合执法的任务外，同时承担参加北太平洋海岸警备执法机构合作论坛海上联合行动的任务。

七、中日渔业协定

1. 中日渔业协定基本框架

现行《中日渔业协定》于1997年11月11日由中日两国政府在东京签署，全称为《中华人民共和国和日本国渔业协定》（简称《中日渔业协定》），于2000年6月1日生效。该协定是中日两国专属经济区和大陆架划界协定签署前就渔业问题做出的过渡性安排，其内容并不影响或有损于中日双方在专属经济区和大陆架划界等诸多海洋法问题上的立场，其适用范围是中日双方的专属经济区。2007年8月23日，中日双方渔业协会签署了《中日民间渔业安全作业议定书》。

《中日渔业协定》的主要内容如下：

（1）在30°40′N～27°00′N之间，自中日双方领海基线量起52海里之外的水域确定为中日暂定措施水域。暂定措施水域两侧分别按中日两国专属经济区制度进行管理。

（2）在27°N以南的东海的协定水域，以及东海以南、125°30′E以西、除南海的中方专属经济区以外的协定水域，以确保海洋生物资源不受过度开发的危害而进行合作为前提，双方均不将本国的有关法令适用于对方国民。

（3）在30°40′N以北海域，124°45′E～127°30′E之间确定为中间水域，维持现有渔业活动，双方渔船均无须领取对方许可证；中间水域两侧分别为中、日管辖水域。

（4）根据互惠原则，中日双方均准许另一方国民及渔船到本国的专属经济区从事渔业活动。

（5）一方国民或渔船在另一方沿岸水域遭遇海难及其他紧急事故，另一方应尽力救助和保护，同时迅速将有关情况通报对方有关部门；一方国民或渔船由于天气恶劣或其他紧急事态需避难时，经与另一方有关部门联系后到对方港口避难，但应遵守另一方有关法令。

2. 中日暂定措施水域

在 30°40′N ～27°00′N 之间，自中日双方领海基线量起 52 海里之外的水域作为暂定措施水域，该水域面积约为 17.2 万平方千米，具体由以下 11 个坐标点用直线顺次连接形成：

A. 30°40′N，124°10.1′E　　　B. 30°00′N，123°56.4′E
C. 29°00′N，123°25.5′E　　　D. 28°00′N，122°47.9′E
E. 27°00′N，121°57.4′E　　　F. 27°00′N，125°58.3′E
G. 28°00′N，127°15.1′E　　　H. 29°00′N，128°00.9′E
I. 30°00′N，128°32.2′E　　　J. 30°40′N，128°26.1′E
K. 30°40′N，124°10.1′E

暂定措施水域按以下规定管理：

（1）由根据协定成立的中日渔业联合委员会协商决定暂定措施水域内生物资源的养护管理措施。

（2）双方各自管理己方的渔业活动，均不对从事渔业活动的另一方渔民或渔船采取管理和其他措施。但一方若发现另一方渔民违反中日渔业联合委员会决定的作业限制时，可就事实提醒该方渔民注意，并将事实和有关情况通报另一方。另一方应尊重这种通报，并采取必要措施后将结果通知该方。

3. 中日相互入渔规定

《中日渔业协定》规定，中日双方根据互惠原则，准许另一方的国民及渔船到本国的专属经济区从事渔业活动。双方按协定的规定向对方渔船颁发入渔许可证，并可就此收取适当费用。双方每年决定对方渔民（船）在本国专属经济区内的可捕鱼种、渔获配额、作业区域及其他作业条件，但应考虑资源状况、本国捕捞能力、传统渔业活动、相互入渔状况及其他相关因素，所做出的决定应尊重按协定成立的中日渔业联合委员会的协商结果。

到对方专属经济区从事渔业活动，应遵守《中日渔业协定》的规定及对方的有关法令。双方应采取措施，确保本国国民在对方专属经济区作业时，遵守《中日渔业协定》及对方法规规定的海洋生物资源养护措施和条件。为此，双方可根据国际法在本国专属经济区采取必要措施，以确保对方渔民遵守本国有关法令所规定的海洋生物资源的养护措施和条件，双方应将这些养护措施和条件及时通报对方。

八、中韩渔业协定

1. 中韩渔业协定基本框架

《中韩渔业协定》于 2000 年 8 月 3 日由中韩两国政府在北京签署，全称为《中华人民共和国和大韩民国渔业协定》（简称《中韩渔业协定》），于 2001 年 6 月 30 日生效。该协定是中韩两国专属经济区和大陆架划界协定签署前就渔业问题做出的过渡性安排，其内容并不影响或有损于中韩双方在专属经济区和大陆架划界等诸多海洋法问题上的立场，其适用范围是中韩双方的专属经济区。2004 年 11 月 3 日，中国渔业协会与韩国水产会在北京签署了《中国渔业协会与韩国水产会关于渔业安全作业的议定书》。

《中韩渔业协定》的主要内容：

（1）在 $37°00'N \sim 32°11'N$ 之间的水域确定为中韩暂定措施水域。暂定措施水域两侧分别按中韩两国专属经济区制度进行管理。

（2）在中韩暂定措施水域北部界限即 $37°00'N$ 以北水域，以及暂定措施水域以南的部分水域，维持现有渔业活动，双方各自对己方国民和渔船进行管理。

（3）中韩双方均准许另一方的国民及渔船到本国专属经济区

从事渔业活动。

（4）韩方要求中国渔船避免进入 37°00′N 以北韩方沿岸的两个特殊水域：一是韩方"特定禁区"，即朝鲜半岛以西、自38°03′N向南至 37°30′N、124°E 以东，以及 37°30′N～37°10′N、124°30′E以东的水域，朝鲜半岛以东、38°36′51″N～38°15′N、132°E 以西水域；二是"特定水域"，即 37°30′N～37°N、124°E～124°30′E，以及 37°10′N～37°N、124°30′E 以东的水域。根据中华人民共和国渔政局颁布的《关于实施〈中韩渔业协定〉有关问题的补充通知》，我渔船自 2001 年 6 月 30 日《中韩渔业协定》生效之日起，不得进入韩方"特定禁区"作业；暂不进入韩方"特定水域"作业。

（5）我国在 31°50′N 至 29°40′N 之间、124°E 以西的长江口水域，确定为我方"长江口渔业管理区"，禁止韩国渔船进入。

（6）一方国民或渔船在另一方沿岸水域遭遇海难及其他紧急事故，另一方应尽力救助和保护，同时迅速将有关情况通报对方有关部门；一方国民或渔船由于天气恶劣或其他紧急事态需避难时，经与对方有关部门联系后到对方港口避难，但应遵守对方有关法令。

2. 中韩暂定措施水域

在 37°00′N～32°11′N 之间，确立中韩暂定措施水域，具体由以下 17 个坐标点用直线顺次连接形成：

A. 37°00′00″N，123°40′00″E B. 36°22′23″N，123°10′52″E

C. 35°30′00″N，122°11′54″E D. 35°30′00″N，122°01′54″E

E. 34°00′00″N，122°01′54″E F. 34°00′00″N，122°11′54″E

G. 33°20′00″N，122°41′00″E H. 32°20′00″N，123°45′00″E

I. 32°11′00″N，123°49′30″E J. 32°11′00″N，125°25′00″E

K. 33°20′00″N，124°08′00″E L. 34°00′00″N，124°00′30″E

M. 35°00′00″N，124°07′30″E N. 35°30′00″N，124°30′00″E

O. 36°45′00″N，124°30′00″E P. 37°00′00″N，124°20′00″E

Q. 37°00′00″N，123°40′00″E

2005 年 7 月 1 日起,《中韩渔业协定》规定的暂定措施水域两侧的"过渡水域"转为按专属经济区管理,至此,暂定措施水域两侧至各自领海外部界线之间的水域,分别按中韩两国专属经济区制度进行管理。暂定措施水域按以下规定管理:

(1)由根据协定成立的中韩渔业联合委员会协商决定暂定措施水域内生物资源的养护管理措施。

(2)双方各自管理己方的渔业活动,均不对从事渔业活动的另一方渔民或渔船采取管理和其他措施。但一方若发现另一方渔民违反中韩渔业联合委员会决定的作业限制时,可就事实提醒该方渔民注意,并将事实和有关情况通报另一方。另一方应尊重这种通报,并采取必要措施后将结果通知该方。

3. 中韩相互入渔规定

《中韩渔业协定》规定,中韩双方准许对方的国民及渔船到本国专属经济区从事渔业活动。双方按协定的规定和本国法律规定向对方渔船颁发入渔许可证。双方每年决定对方渔民(船)在本国专属经济区内的可捕鱼种、渔获配额、作业区域及其他作业条件,但应考虑资源状况、本国捕捞能力、传统渔业活动、相互入渔状况及其他相关因素,所做出的决定应尊重按协定设立的中韩渔业联合委员会的协商结果。

到对方专属经济区从事渔业活动应遵守《中韩渔业协定》的规定及对方的有关法令。双方应采取措施,确保本国国民在对方专属经济区作业时,遵守《中韩渔业协定》及对方法规规定的海洋生物资源养护措施和条件。为此,双方可根据国际法在本国专属经济区采取必要措施,以确保对方渔民遵守本国有关法令所规定的海洋生物资源养护措施和条件。

九、中越北部湾渔业合作协定

1. 中越北部湾渔业合作协定基本框架

2000 年 12 月 25 日,中越双方签署了《中华人民共和国和越南社会主义共和国关于两国在北部湾领海、专属经济区和大陆架的划界协定》，同日签署了《中华人民共和国政府和越南社会主义共和国政府北部湾渔业合作协定》（简称《中越北部湾渔业合作协定》）。协定于 2004 年 6 月 30 日起生效。

《中越北部湾渔业合作协定》是根据国际法，特别是 1982 年《联合国海洋法公约》的有关规定和《中华人民共和国和越南社会主义共和国关于两国在北部湾领海、专属经济区和大陆架的划界协定》签署的渔业合作协定，目的是在相互尊重主权、主权权利和管辖权的基础上，维护和发展中越两国和两国人民之间的传统睦邻友好关系，养护和持续利用北部湾协定水域的海洋生物资源，在协定水域加强两国的渔业合作。该协定不影响两国各自的领海主权和各自在专属经济区享有的其他权益。

协定的适用水域为北部湾（北部湾封口线以北）中越两国专属经济区的一部分和两国领海相邻水域的一部分，主要内容为：

（1）在 20°N 以南、距北部湾中越专属经济区分界线各 30.5 海里的北部湾水域建立共同渔区，中越双方进行长期的渔业合作。

（2）在共同渔区北部界限即 20°N 以北的本国专属经济区内对另一方的现有渔业活动做出过渡性安排，过渡期为 4 年。过渡期已于 2008 年 6 月 30 日结束。

（3）在两国领海的相邻部分，自分界线第一界点起，沿分界线向南 10 海里、距分界线各自 3 海里的范围，建立小型渔船缓冲区，以避免双方小型渔船误入对方领海而引起纠纷。

（4）禁止中方渔船进入距白龙尾岛 15 海里范围内的水域从事渔业活动。

（5）北部湾封口线以北、共同渔区和过渡性安排水域外侧界限至两国领海外部界线的水域，由双方各自按专属经济区制度分别管辖。过渡性安排结束后，共同渔区以北水域以专属经济区和领海分界线为界，由两国分别按各自国内法管辖。

2. 中越北部湾共同渔区

为在北部湾水域进行长期的渔业合作，在中越双方的专属经济区确定共同渔区，其范围大致为北部湾封口线以北，20°N 以南（不包括白龙尾岛周围水域），距北部湾中越专属经济区分界线各 30.5 海里的双方专属经济区。具体由以下 16 个点用直线顺次连接组成：

A. 17°23′38″N，107°34′43″E   B. 18°09′20″N，108°20′18″E

C. 18°44′25″N，107°41′51″E   D. 19°08′09″N，107°41′51″E

E. 19°43′00″N，108°20′30″E   F. 20°00′00″N，108°42′32″E

G. 20°00′00″N，107°57′42″E   H. 19°52′34″N，107°57′42″E

I. 19°52′34″N，107°29′00″E   J. 20°00′00″N，107°29′00″E

K. 20°00′00″N，107°07′41″E   L. 19°33′07″N，106°37′17″E

M. 18°40′00″N，106°37′17″E   N. 18°18′58″N，106°53′08″E

O. 18°00′00″N，107°01′55″E   P. 17°23′38″N，107°34′43″E

共同渔区的有效期为 12 年，其后自动顺延 3 年。顺延期满后，继续合作事宜由中越双方通过协商商定。共同渔区的合作内容主要包括：

（1）双方共同制定"共同渔区"内生物资源的养护、管理和可持续利用措施。

（2）按照平等互利的原则，根据定期的联合渔业资源调查结果的基础上确定的可捕量对双方渔业活动的影响，以及可持续发展的需要，由根据协定成立的中越北部湾渔业联合委员会每年确定双方在共同渔区内作业船数。

（3）双方各自对在共同渔区内从事渔业活动的己方渔船实行捕捞许可制度。被许可的渔船应按照中越北部湾渔业联合委员会的规定进行标识。

（4）各方的授权机关根据联合委员会制定的规定，对进入共同渔区己方一侧的双方国民及渔船进行监督检查。

（5）一方在发现另一方渔船在共同渔区内己方一侧违反中越

北部湾渔业联合委员会的规定时，有权按渔业联合委员会的规定对该违规行为进行处理，并将违规情况及处理结果迅速通知对方。被扣留的渔船或渔民，在提供适当的担保后，应被迅速释放。

（6）必要时，双方授权机关可相互配合进行联合监督检查，并对违规行为进行处理。

（7）各方有权根据各自国内法对未获得许可证进入己方一侧从事渔业活动的渔船，以及获得许可证但进入共同渔区从事渔业活动以外的不合法活动的渔船进行处罚。

（8）各方在共同渔区己方作业规模框架内，可采取国际合作或联营。这种国际合作或联营的渔船须遵守中越北部湾渔业联合委员会制定的养护和管理的有关规定，悬挂发证方的国旗，按照中越北部湾渔业联合委员会的规定进行标识，在发证方一侧水域从事渔业活动。

3. 小型渔船缓冲区

为避免双方小型渔船误入对方领海而引起渔业纠纷，在两国领海的相邻部分，自分界线第一界点起，沿分界线向南10海里、距分界线各自3海里的范围，建立"小型渔船缓冲区"。具体范围由以下各点用直线顺次连接而成：

A. 21°28′12.5″N，108°06′04.3″E

B. 21°25′40.7″N，108°02′46.1″E

C. 21°17′52.1″N，108°04′30.3″E

D. 21°18′29.0″N，108°07′39.0″E

E. 21°19′05.7″N，108°10′47.8″E

F. 21°25′41.7″N，108°09′20.0″E

若一方发现另一方小型渔船进入小型渔船缓冲区己方一侧从事活动，可进行警告，并采取必要措施令其离开，但应不扣留，不逮捕，不处罚或使用武力，若发生有关渔业活动争议，应报告中越北部湾渔业联合委员会予以解决，有关渔业活动以外的争议，由各方依其国内法解决。

十、渔业安全生产管理

1. 渔业船舶检验证书

渔业船舶检验证书，是渔业船舶检验机构对具备安全航行和作业条件的渔业船舶所签发的相关证书的统称，包括安全证书及设备记录、防止油污证书、载重线证书、渔捞和起重设备证书、吨位证书或船舶临时航行安全证书。

安全证书及设备记录、防止油污证书、载重线证书、渔捞和起重设备证书的有效期为 48 个月，其间，船舶所有人需每年申报检验；吨位证书长期有效。

临时安全证书的有效期限为不超过 3 个月。

渔业船舶检验证书失效的情形：

（1）证书的有效期限届满。

（2）发生影响安全的渔业船舶水上安全事故。

（3）擅自改造、改变船舶结构或更动重要机械设备，可能影响船舶安全或防污染性能。

（4）实际装载、航行作业区域、作业方式与证书及技术文件不符。

（5）船体及安全设备、重要机电设备、防污染配备发生重大损坏或失效。

（6）擅自变更船舶所有人、船名和船籍港。

（7）船舶所有人未按规定申报签证检验等。

船舶产品证书长期有效。但船舶产品证书在船用产品未按规定进行相应的保养工作或失去了产品检验时的完整（完好）性时失效。

2. 渔业船舶登记证书

渔业船舶登记证书，是渔业船舶登记机关对符合国籍登记申请的渔业船舶核发的证书。持有渔业船舶登记机关发放的国籍证书（旧版也称登记证书），即取得了悬挂中华人民共和国国旗航行的权利。

船舶国籍证书的有效期为 5 年，临时国籍证书的有效期不超过 2 年，有效期限届满后自行失效。

渔业船舶的船名和船籍港，由登记机关在申请国籍登记前核定。在船首两舷和船尾标写船名和船籍港名称，船首两侧的船名从左至右横向标写；船籍港名称应在船尾中部中央从左至右水平标写。船名和船籍港名称的标写颜色为黑底（或船体漆的颜色）白字；字形为仿宋体，字迹工整、清晰；字体尺寸，船名不小于 300 毫米×300 毫米，船籍港不小于 200 毫米×200 毫米。

船名牌，悬挂在船舶驾驶室顶部两侧，颜色为蓝底白字的圆角矩形；船长大于 24 米的船舶，船名牌外形尺寸为 1 400 毫米×330 毫米，船长大于 12 米，小于等于 24 米的船舶，船名牌外形尺寸为 1 000 毫米×300 毫米。

3. 渔业船员证书及相关要求

渔业船员实行持证上岗制度。在渔业船舶上工作的人员，都应当按国家有关规定接受渔业船员培训，经考试合格，取得相应的渔业船员证书。渔业船员证书分为渔业普通船员证书和渔业职务船员证书，渔业船员证书的有效期五年。渔业职务船员的配备，应符合国家规定的最低标准。

4. 渔业船舶海上航行作业管理

（1）航海、轮机日志："航海日志"是记载船舶航行、停泊或作业过程中主要情况的载体文件，由值班驾驶员按时登记。记载事项包括航向、航速、航位、气象、潮流、海面和航道情况、捕捞情况以及船舶在航行或停泊时所发生的重大事件等。轮机日志，是记载船舶航行、停泊和作业过程中主机及其辅助机械运行状况的载体文件，由值班轮机员按时登记。记载的事项包括主辅机启动时间、油温、油压，燃料消耗，油污水排放、电瓶充电，以及机械故障及修理记录等。

（2）航区：航区是船舶设计时的重要参数指标。海洋航区划分方式如下。远海航区（Ⅰ类），指超过近海航区（Ⅱ类）以外的海域。近海航区（Ⅱ类），指中国渤海、黄海及东海距岸不超过 200 海里的海域；台湾海峡；南海距岸不超过 120 海里（台湾岛东海岸、海南岛东岸及南海距岸不超过 50 海里）的海域。沿海航区（Ⅲ类），指台湾岛东岸、台湾海峡东西海岸、海南岛东岸及南海岸不超过 10 海里的海域和除上述海域外距岸不超过 20 海里的海域；距有避风条件且有施救能力的沿海岛屿不超过 20 海里的海域。沿海航区的船舶不得在近海和远海航区航行作业，近海航区的船舶不得在远海航区航行作业。

（3）水上安全事故：指船舶在航行、作业或停泊中因台风或大风、龙卷风、风暴潮、雷暴、海啸、海冰等自然灾害，碰撞、风损、触损、火灾、自沉、机械损伤、触电、急性工业中毒、溺水等意外事故造成渔业船舶损坏、沉没或人员伤亡、失踪的事故。

（4）救生、消防设备：救生设备，用于船舶突发安全事件后，船员救生的设备。主要包括救生衣、救生圈、救生浮、气胀式救生筏和救生艇等。救生设备的配备种类与标准以船舶检验证书为准。消防设备，用于处置船舶火警、火灾事故的设备。主要包括灭火器（干粉、二氧化碳、泡沫）、水消防系统（消防泵、消防带、消防枪）等。消防设备的配备种类、标准与存放位置以船舶检验证书为准。

（5）载重线与超载：船舶载重线指船舶满载时的最大吃水线，绘制在船舷左右两侧船舶中央的标志，表明船舶总载重量不得超过此线。目的是保障航行的船舶及船上人员和所载货物的安全。载重线标志各条载重线含义：

"TF"（RQ）表示船舶航行于热带地区淡水中总载重量不得超过此线；

"F"（Q）表示船舶在淡水中行驶时，总载重量不得超过此线；

"T"（R）表示船舶在热带地区航行时，总载重量不得超过此线；

"S"（X）表示船舶在夏季航行时，总载重量不得超过此线；

"W"（D）表示船舶在冬季航行时，总载重量不得超过此线。

超载是指船舶超过核定载重线装载货物的行为。

（6）航标：助航标志的简称，用来标志航道宽度，指示航道方向或水中障碍物的位置，供船舶导航、定位或避开危险物，帮助船舶安全、经济、便利航行而设置在航道、岛屿或陆地的标志。主要有浮标、灯浮标、灯船、灯杆、灯桩和灯塔等。

（7）遇险求救信号：水上遇险求救信号，又称遇险信号或海难信号，是水上船舶、飞机遇险时用于求救的信号，包括视觉信号、音响信号和无线电信号，如火焰、降落伞火箭、烟雾、雾号器具连续声响、莫尔斯码组（SOS)、"梅代"（MAYDAY）和无线电报（电话）报警信号等。

5. 渔业船舶水上安全事故及等级划分

渔业船舶水上安全事故，包括水上生产安全事故和自然灾害事故。水上生产安全事故是指因碰撞、风损、触损、火灾、自沉、机械损伤、触电、急性工业中毒、溺水或其他情况造成渔业船舶损坏、沉没或人员伤亡、失踪的事故。自然灾害事故是指台风或大风、龙卷风、风暴潮、雷暴、海啸、海冰或其他灾害造成渔业船舶损坏、沉没或人员伤亡、失踪的事故。

渔业船舶水上安全事故分为以下等级：

（1）特别重大事故：指造成三十人以上死亡、失踪，或一百人以上重伤（包括急性工业中毒，下同），或一亿元以上直接经济损失的事故。

（2）重大事故：指造成十人以上三十人以下死亡、失踪，或五十人以上一百人以下重伤，或五千万元以上一亿元以下直接经济损失的事故。

（3）较大事故：指造成三人以上十人以下死亡、失踪，或十人以上五十人以下重伤，或一千万元以上五千万元以下直接经济损失的事故。

（4）一般事故：指造成三人以下死亡、失踪，或十人以下重伤，或一千万元以下直接经济损失的事故。

十一、渔业水域环境保护

1. 渔业水质标准

《渔业水质标准》（GB 11607—1989）于 1989 年 8 月发布，1990 年 3 月 1 日起实施。是根据国家保护环境和自然资源、防治污染和其他公害的有关法律规定，结合渔业水域环境保护的实践经验和科研成果，并参照有关标准制定的适用于渔业水域的水质标准，共有 33 个项目，其主要原则是：渔业水域的水质应不影响鱼、虾、贝、藻类的正常生长、发育和繁殖，对鱼类不造成急性中毒或慢性中毒，不危害主要饵料生物；有害物质在鱼、虾、贝、藻类体内的积累量不超过国家规定的食品卫生标准，不使鱼、虾、贝、藻类带有异色、异味，不影响水产品品质，不影响水体的自净过程；对能在鱼、虾、贝、藻类体内明显积累，对人体健康产生长远影响的有害物质如汞、镉、砷、有机氯等从严要求。

2. 渔业水域污染事故及其分级

根据农业部《渔业水域污染事故调查处理程序规定》，渔业水域污染事故是指由于单位和个人将某种物质和能量引入渔业水域，损坏渔业水体使用功能，影响渔业水域内的生物繁殖、生长或造成该生物死亡、数量减少，以及造成该生物有毒有害物质积累、质量下降等，对渔业资源和渔业生产造成损害的事实。

渔业水域污染事故分为较大和一般性渔业污染事故、重大渔业污染事故、特大和涉外渔业污染事故三个级别层次。

（1）事故造成直接经济损失额在百万元以下的，为较大和一般性渔业污染事故，由事故所在的地（市）、县主管机构，在其监督管理范围内依法管辖。

（2）事故造成直接经济损失额在百万元以上千万元以下的，为重大渔业污染事故，由事故所在的省（自治区、直辖市）主管机构，在其监督管理范围内依法管辖。

（3）事故造成直接经济损失额在千万元以上的，以及涉外渔业污染事故，为特大渔业污染事故，都由国家主管机构或其授权指定的省级主管机构处理。

第二部分
渔业行政执法实务

一、任务内容

海上渔业执法的任务主要包括以下内容：

1. 对外国船舶和本国渔船的活动进行观察和记录，查处非法进入我国管辖海域从事渔业活动的外国船舶；

2. 对经批准在我国专属经济区入渔和从事生物资源调查的外国船舶实施监督和现场管理；

3. 在我国与有关国家缔结协定确定的共同管理的渔区，监督我国渔船和外国渔船执行双边或多边渔业协定，并对我国渔船实施现场管理，查处非法渔业行为；

4. 依法查处我国渔船在我国管辖水域的违法违规行为，维护正常生产秩序；

5. 参与处理我国渔船之间和我国渔船与外国渔船之间发生的渔事纠纷和渔船海损事故；

6. 协助参与发生安全事故的渔船等海上船只的救助工作；

7. 配合完成其他涉海行政、刑事违法行为的查处工作；

8. 执行公海渔业管理任务，查处违规作业渔船。

二、组织与指挥

执行海上执法任务时，执法船按照"谁下达任务、谁调度指挥"的原则确定组织指挥关系：

1. 一般情况下，按其隶属关系指挥；

2. 互不隶属的执法船舶执行同一任务时，按上级明确的指挥关系实施指挥；

3. 参加联合执法行动时，由联合执法指挥机构统一指挥。执法船舶应结合本船实际，成立执法工作组，具体负责登临检查、调查取证、案卷制作和执法安全等工作。

三、案件管辖

（一）海洋渔业行政执法案件管辖基本制度

海洋渔业行政执法机构依法管辖本辖区范围内发生的和上级部门指定管辖的涉嫌渔业违法案件。

机动渔船底拖网禁渔区线内侧海域的渔业违法案件，由毗邻海域的省（自治区、直辖市）政府渔业行政执法机构管辖，机动渔船底拖网禁渔区线外侧由海警机构管辖。

有下列情况之一的，适用"谁查获、谁处理"的原则：

1. 违法行为发生在共管区、叠区的；

2. 违法行为发生在管辖权不明确或者有争议的区域的；

3. 违法行为发生地与查获地不一致的。

对管辖权有争议的涉嫌渔业违法违规案件，由执法船舶报双方隶属单位协商解决；协商不成的，报上一级主管部门指定管辖。

需要移送其他行政主管部门及处理的，渔业执法船上的执法工作组应报请隶属单位将案件移送管辖。

对违反渔业法律法规情节严重、涉嫌犯罪的，执法船上的执法工作组应报请隶属单位移送司法机关追究刑事责任。

对其他不属主管机构管辖的案件，应移送有管辖权的机关处理。

涉及协作办案的，按照有关协作办案的工作制度执行。

（二）海洋渔业行政执法协作办案制度

凡属下列情形之一的渔业违法案件，主办单位可向协办单位

提出协作办案要求:

1. 已查获涉嫌渔业违法的渔船,并取得涉嫌违法行为的部分证据,需要涉案渔船船籍港所在地或当事人居住地、户籍所在地的协办单位协助查证涉案船舶相关证书或资料、查找当事人补充调查取证的;

2. 查获公开通缉的涉嫌违法渔船后,需要发布通缉信息的渔业行政执法机构作为协办单位移交证据材料的;

3. 依法直接送达《行政处罚决定书》有困难,需要委托涉案渔船船籍港、停泊港所在地或当事人居住地、户籍所在地协办单位代为送达的;

4. 依法作出的吊销捕捞许可证、职务船员证书等行政处罚决定,或提出扣减涉案渔船渔业成品油价格补助等建议,需要由协办单位协助执行的;

5. 查获非本船籍港违法渔船,已做出行政处罚,需要通报违法渔船船籍港所在地协办单位的;

6. 其他需要实行协作的案件和事项。

开展协作办案时,由主办单位向协办单位发出《涉嫌渔业违法案件协查通报函》。协查通报函内容包括协查类型、协查对象、协查要求等协查事项,基本案情、已查获证据的复印件和电子文件,或已做出的处罚决定、扣减油补建议等通报事项。在办案过程中,主办单位根据案件进展情况,可多次发出协查通报函。

四、执法流程

(一)备航

执行海上渔业执法任务的执法机构和执法船接受任务后,应及时做好人员配置、设备检修、物资补给及出航动员等准备工作,确保执法船按时出航,顺利完成各项准备工作。

1. 人员配备

根据有关规定,配齐职务船员和普通船员。根据海上检查任务的实际需要，配置两名或两名以上执法人员。执行特殊任务的，根据实际需要配备相关人员。

2. 出航动员

执法船出航前，执法机构和执法船应分别在陆上和船上召开动员会，通报任务情况，明确任务要求，确定职责分工。

3. 制订方案

根据航次任务要求和实际情况，制订具体的执法船航行线路、行动方案和相关应急预案。

4. 设备检修

执法船船长应在出航前，召集轮机长等人员对船舶的机电设备、航海设备、通信设备、安全设施进行检修，确保所有设备达到适航状态。

5. 物资配备

执法船出航前应配齐执法船舶和执法工作艇机电、动力、通导等设备的备品备件，检查易损耗的机件；根据巡航时间、范围、任务、海况等情况，备足油料、淡水、生活物资，配齐各种常用急救物品；根据航次任务需要，备齐海图、潮汐表、气象资料等航行资料，各类执法文书、执法专用章、票据、相关的渔业法律法规、鱼类图册、渔具图册书籍等执法资料，以及摄像机、照相机、录音机（录音笔）、采样瓶、证据袋等取证器材。

（二）观察记录

1. 目标观察

执法船舶到达预定海域后，根据渔场情况和海况，使用目测、雷达、夜视仪、光电平台等手段对渔船进行观察。

发现外籍渔船、公务船和不明船只，应在第一时间向隶属单位或指挥机构报告，并做好观察记录。

执法船舶在适当距离时，发出视听信号，提示渔船保持安全距离。

观察渔船时，要从渔船两侧观察船名号等船舶标识和渔船外部特征；必要时，使用摄像机、照相机等设备观察记录。

执法船在海上巡航执法过程中，应按照要求认真做好观察记录工作，并填写有关表格。观察记录的内容应当包括：时间、地点（经纬度）、渔船名号、标识牌编号、船籍港、船舶类型（渔业生产船、辅助船、科考船等）、作业类型、当时状态（作业、航行、过驳、漂流、锚泊等）。在观察记录的过程中，应注意做好摄录像取证工作。通过观察记录、核对数据库等手段，可以发现部分渔船涉嫌违规的行为。

有关记录应由当班大副、二副或三副填写，执法人员监督并签名认可。巡航过程中观察到的所有外籍船舶（包括外籍渔业船舶、公务船舶、科学调查船舶、货物运输船舶、工程船舶、军事船舶等）和中国渔业船舶（含港、澳、台渔业船舶），均应如实记录。

应当注意的是，对渔业船舶采取的观察记录、登临检查和调查处理等措施，应同时在《航海日志》中如实记录，必要时，《航海日志》中记录的内容也可以作为证据使用。

2. 信息比对

观察渔船外部特征后，要利用渔船动态数据库，查询所观察渔船的详细资料，并进行认真比对。

3. 登临检查

执法船舶应综合渔船外部特征、活动情况和信息查询结果，判断渔船是否涉嫌违法违规生产，做出是否登临检查的决定。

（三）紧追

根据我国《领海及毗连区法》《专属经济区和大陆架法》的相关规定，如有充分理由认为外国船舶在我国领海、毗连区、专属经济区涉嫌违反我国法律法规时，执法船可以对该船行使紧追权，也可通知海警执法船舶、航空器实施紧追。

实施紧追时，必须首先确认外国船舶或者其小艇之一或者以被追逐的船舶为母船进行活动的其他船艇在我国内水、领海、毗连区、专属经济区内时方可开始。而且，只有在外国船舶的视觉和听觉所及的距离内发出视觉或听觉的停船信号而拒不接受后，方可开始。

紧追过程中，要注意积极取证，取证时应体现整个紧追过程，尽量拍摄外国船舶的船名号和违法事实。只有紧追不可中断，才可以在我国领海、毗连区、专属经济区以外持续进行。在紧追迫切需要接替的情况下，只有接替的船舶或飞机开始紧追后，被接替者方可退出。一旦被追逐的船舶进入其本国领海或者第三国领海，紧追应立即终止，不得因追逐而进入他国领海。

(四) 登临检查程序要求

对涉嫌渔业违法行为的渔船，执法船应在确保安全的情况下，进行登临检查。

1. 登临检查准备

执法船拟对我国渔业船舶或在我国管辖水域作业的外籍船舶进行登临时，应按照本执法船的部署，成立领导小组和一个或几个登临小组。领导小组负责策划、部署登临行动，下达相关登临指令。登临小组有一名组长负责指挥，按照领导小组的指示，做好登临准备。执法船上的政工人员负责做好登临人员的记录，监督登临检查、文明执法情况。

确认海况是否允许登临检查后，在海况允许和保证安全的前提下，执法人员携带执法证件、执法器材（录像机、摄像机等）和执法资料，对渔船实施登临检查。

使用执法工作艇实施登临的，执法艇下水前要确保艇内机械设备处于适航状态，执法工具、取证器材、通信设备、救生器材等完备。

对于登临外国船舶的情况，应在登临前确认外国船舶所在的水域我方是否有权登临检查该船舶，并通过数据库或者通信工具与本单位取得联系，获取外国船舶的入渔通报、渔获物日报等信息，汇报现场观察到的有关情况。

2. 登临的注意事项

（1）在接近目标至视听距离时，执法船舶应打开警报器，在可及的范围内，以声音、灯光、信号等对方可以接受的方式，表明身份，要求渔船接受登临检查。

（2）当渔船不配合检查时，可对其进行警告。警告无效时，可对其实施紧追。紧追应连续不断进行，但不得擅自进入他国管辖海域或敏感海域。

（3）执法工作组根据海况决定令渔船靠帮或放执法艇登临渔船检查。执法艇的吊放、回收应按规定程序操作，确保安全。

（4）行政执法人员登临检查渔船，应穿戴工作救生衣、配备卫星定位设施、防护用具、通信设备及取证器材。

（5）使用执法艇进行检查时，驾驶员要正确操纵执法艇，如渔船未接受停船命令继续航行，执法艇在执法船舶指挥下，与渔船保持相同航向，在保证自身安全的情况下伺机接舷登临。

（6）登临渔船进行检查的专职执法人员不得少于2人，应主动出示执法证件。登检人员应对船长、轮机长及通信人员等重点船员进行看护，提高警惕，做好个人防护，防止串供、灭证。

（7）登临渔船后应对渔业船舶证书、捕捞工具、捕捞方法、渔获物及船上人员等情况开展全面检查，如发现该船涉嫌违法违章，应做现场笔录、勘验笔录、询问笔录等作为执法证据，对现场情况及物证进行提取固定、拍照录像，必要时可以要求渔船船长携带相关证书到执法船接受调查。禁止渔船上其他无关人员登临执法船舶。

（8）渔船拒绝接受检查，执法工作组认为难以登临的，可请示隶属单位或指挥机构增派执法船舶参与配合登临检查。

（9）当渔船以暴力抗拒检查，威胁登临检查人员和执法船艇安全时，应沉着应对，做好取证，并按应急预案采取必要措施，确保执法船艇和人员安全。

（10）因海况或渔船暴力抗法等原因，无法顺利登临渔船时，执法艇通过通信设备报经执法工作组同意后，可放弃登临，但必须做好观察记录和取证工作。

（11）海上发现涉嫌违反我国渔业法律法规及有关渔业协定的我国渔业船舶和外国船舶，或根据航次任务需要检查的渔业船舶时，均可实施登临检查。

3. 登临后的检查

登临船舶后，应首先向被登临船舶船长出示执法证件，表明身份，说明登临检查的内容，请船长进行协助。执法人员在船长的配合下，对如下内容进行检查：

（1）船舶基本情况：包括船长姓名、船舶所有人、主机功率、渔船标识等内容。

（2）船舶持有证书情况：包括"渔业船舶检验证书""渔业船舶国籍（登记）证书""渔业捕捞许可证"。重点检查证书是否合法、有效，是否船证相符等，在"中日渔业协定暂定措施水域"或"中韩渔业协定暂定措施水域"登临检查时，还应检查渔船持有"专项（特许）捕捞许可证"的情况。

（3）渔具、渔法情况：重点检查渔业船舶是否携带并使用了法律法规明令禁止的渔具，渔具的网目尺寸是否符合规定等。

（4）捕捞作业类型、场所、时限：对照捕捞许可证核对渔船是否遵守渔业捕捞许可证关于作业类型、场所、时限的规定进行捕捞，是否违反禁渔期、禁渔区的规定进行捕捞。

（5）渔获物情况：重点检查渔获物是否为非法渔获物，幼鱼比例是否超标，是否存在禁止捕杀的重点保护的水生野生动物等。

（6）船舶安全设备：重点检查渔业船舶是否按规定配备消防、救生设备，是否按规定配备具有相应资质的船员等。

（7）对外籍渔业船舶应着重检查其有关证件、渔舱图、渔捞日志、进出水域和生产通报情况、网具、渔船标识等内容。

（8）其他应当检查或可能存在违法行为的事项。

4. 遇到抗拒执法的应对措施

登临检查时，执法人员应密切观察登临或拟登临对象，以防暴力抗法等突发事件发生。当登临或拟登临对象抗拒检查，或暴力抗法时，在确保执法船艇、人员自身安全前提下，采取以下措施处理：

（1）及时报告：准确判断海上情况，掌握登临对象的船名号、船舶基本外观、作业类型、现场实况等。

（2）控制现场。尽力控制现场，防止事态恶化：安抚执法相对人，宣传相关法律法规，禁止使用不文明语言或采取过激、冲动行为。

（3）积极取证：在危及船舶和人员安全的情况下，可先暂缓处理，但要通过摄像、拍照等方式积极进行现场取证，为后期处理做好准备。有关情况应及时向上级机关报告。

（4）处理：遇抗拒执法情节严重涉嫌犯罪的情况，应做好周密的取证工作，及时通报司法机关，并积极协助司法机关做好相应的处理工作。

5. 登临检查记录

登临检查的全过程应做好摄录像取证工作。

登临检查结束后，由随船执法人员按照有关要求填写有关表格，并由船长签名认可，并加盖公章；如果所登临船舶的船长对记录的内容有不同意见，应允许船长在记录表上注明，但登临检查人员应当场在记录表上对船长注明的意见表明态度。

（五）查封扣押

对涉嫌暴力抗法，使用"三无"船舶从事捕捞，使用禁用渔具、捕捞方法进行捕捞，涂改或伪造船名号渔船，涉嫌违规渔船以及违反禁渔期、禁渔区规定等渔船，事实清楚、证据充分，但是当场不能按照法定程序做出和执行行政处罚决定的，可以先暂时扣押捕捞许可证、渔具或者渔船。

1. 查封扣押基本流程及有关要求

（1）实施查封扣押应当报告并经批准，由两名执法人员出示身份证件，通知当事人到场，告知理由、依据、当事人权利、救济途径，听取当事人的陈述和申辩，制作现场笔录。当事人若拒绝在笔录中签名的，应当予以注明。情况紧急，需要当场实施查封、扣押的，渔政执法人员应当在二十四小时内向渔政执法机关负责人报告，并补办批准手续。渔政执法机关负责人认为不应当采取查封、扣押措施的，应当立即解除。

（2）扣押渔船时，执法人员要明确职责分工，按规定携带通信设备、救生及个人防护用具。

（3）执法船舶应与渔船一同返航，并保持安全距离。特殊情况下无法一同返航的，应增派押解人员，加强通信保障。

（4）押解返航途中，执法人员要密切关注渔船船员的动态，注意航行安全，保持通信联络，及时报告情况。

（5）对有关物品实施查封扣押，应制作《查封（扣押）决定书》等法律文书，写明查封扣押事由及法律依据、查封扣押物品基本情况（物品名称、规格、单位、数量等）。经执法人员、当事人核对无误后签名或盖章确认，并送达当事人。

（6）实施查封扣押，执法人员应告知当事人，如对查封扣押决定不服，可在收到《查封（扣押）决定书》之日起60日内申请行政复议，或在收到决定书6个月内向人民法院起诉。

（7）执法人员对渔船实施暂扣证件的，应当发给当事人相应证明。

（8）查封、扣押的期限不得超过30日；情况复杂的，经行政机关负责人批准，可以延长，但是延长期限不得超过30日。

（9）延长查封、扣押的决定应当及时书面告知当事人，并说明理由。

（10）执法人员经过调查核实，依法对查封（扣押）的物品解除强制措施时，应制作《解除查封（扣押）决定书》。

（11）解除查封（扣押）的物品要与查封（扣押）时的物品核对无误，经当事人签字确认后送达当事人。

2. 对外国渔船查封、扣押的特殊要求

对外国渔船采取查封、扣押等行政强制措施，应注意以下几个方面：

一是要及时请示汇报。对涉嫌违法的外国渔船采取行政强制措施前，应当立即向本单位汇报，获得单位负责人的批准。汇报的内容包括：船名号、国籍、船长姓名、船上人数、查处地点、违法事实等有关情况。

二是涉案外国渔船被扣回国内渔港后，应当按照外交部、最高人民法院、最高人民检察院、公安部、国家安全部、司法部联合发布的《关于处理涉外案件若干问题的规定》（外发〔1995〕17 号）进行通报和处理。包括：

（1）案件内部通报：外国渔船在我管辖水域违法捕捞，发生碰撞或海事纠纷，被我渔业执法机构扣留的案件，主管机关应当将有关案情、处理情况，以及对外表态口径于受理案件或采取措施的 48 小时内报上一级主管机关，同时通报同级人民政府外事办公室。同级人民政府外事办公室在接到通报后应当立即报外交部。结案后，也应当尽快向外交部通报结果。

（2）通知外国驻华使、领馆：扣留外国渔船的有关情况应立即上报国家主管机关，由其通知有关外国驻华使馆。

（3）外国驻华使、领馆索要材料、交涉等问题：外国驻华使馆就有关案件进行交涉，可请其向外交部或者省级外事办公室提出，或者向中央或者省级主管部门直接提出。外国驻华使馆向主管部门提出的重要交涉，主管部门商外交部后答复外国驻华使馆。外国驻华领馆只同其领区内省级主管部门联系。外事办公室与主管部门之间互通情况，共商对外表态口径及交涉事宜。

五、各类海洋渔业违法案件查处

（一）海洋渔业违法案件查处基本程序要求

1. 海洋渔业行政处罚基本程序

根据《行政处罚法》等有关法律法规的规定，海洋渔业违法案件查处程序包括简易程序和普通程序。在适用普通程序决定行政处罚时，符合法定的听证条件的，应适用听证程序。

简易程序也称当场处罚决定程序，适用于案情简单、事实清楚，处罚较轻可以当场决定处罚的违法案件。

普通程序是决定渔业行政处罚的基本程序，适用广泛。除了法律明确规定可以当场处罚而适用简易程序的情况外，决定渔业行政处罚都适用一般程序。

渔业行政处罚简易程序和一般程序的基本流程见图 2-1、图 2-2。

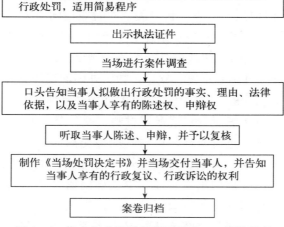

图 2-1 渔业行政处罚程序示意图——简易程序

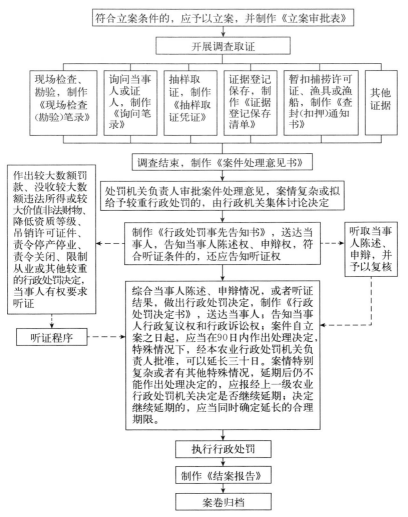

图 2-2 渔业行政处罚程序示意图——一般程序

2. 海上渔业违法案件查处基本流程

海洋渔业违法案件查处的流程可分为登临检查渔船前、登临检查渔船时、登临检查渔船后三个阶段。

登临渔船前，在执法船上用摄像机、照相机摄录涉案渔船作业、航行、锚泊等整体情形，包括船名号、船籍港、船名标识、网具使用等情况。在摄录过程中，需重点关注涉案渔船在发现我执法船后采取的措施，如有无加速逃逸、丢弃禁用渔具等规避处罚的行为。同时，对执法船上的雷达及电子海图显示的涉案渔船的船位进行摄录，记录涉案渔船的作业地点与时间。注意，在使用摄像机拍摄雷达及电子海图的影像后须不间断地拍摄涉案渔船的相关影像。

登临渔船时，记录执法艇在靠近涉案作业渔船时的状况，包括渔船是否停下、船上的人员是否配合渔政执法人员的登临等情况。

登临渔船后，执法人员需第一时间向渔船船长或其他主要负责人员出示执法证件，并通过登临组的现场取证设备固定此环节。检查涉案渔船人员组成状况；检查"渔业捕捞许可证""渔业船舶检验证书""渔业船舶国籍（登记）证书"、职务船员证书等持有情况；检查消防、救生等安全设备配备情况；检查渔获物、渔具并记录当事人的配合程度的情况，作为实施渔业行政处罚自由裁量权的重要依据。检查过程中执法人员采取的取证手段也应一并记录，以构建起不同证据间的联系。

（二）对违反渔业资源增殖保护及捕捞管理规定的查处

各类违规情形的检查重点及取证要点：

1. 对违法使用炸鱼、毒鱼、电鱼等破坏渔业资源方法进行捕捞的查处

（1）检查：一是检查涉案渔船上是否存有炸药、毒药、电脉冲等违禁物（药）品及其附属装备，如使用电脉冲作业渔船还包括电缆、电压控制器等附属用品；二是检查渔船渔获物情况，确定其种类、数量及存放位置；三是检查作业海域有无因使用炸、毒、电等方法捕捞出现的死鱼漂浮、水域变色等情况；四是检查配套使用的渔具情况，确定其类型、数量、尺寸及使用状态。

（2）取证：按现场检查（勘验）顺序，制作现场检查（勘验）笔录，在笔录里应重点突出违禁物（药）品及其附属装备的存放位置、使用状态，配套使用的渔具相关情况，现场渔获物的种类、数量及存放位置（注意与正常捕捞方式所获渔获物的区别），记录执法人员采取的现场封存、暂扣等行政强制措施。

在询问笔录里应重点明确违禁物（药）品及其附属装备的来源、使用情况，捕捞的渔获物及其处置情况等，如有违法所得需在询问笔录里加以明确。

两份笔录记录的情况与拍摄的证据照片、视频等视听资料需吻合，并且能够相互印证。

现场检查（勘验）笔录交船长（或船舶所有权人）签名确认，询问笔录交被询问人签名确认。

（3）处罚：对违法使用炸鱼、毒鱼、电鱼等破坏渔业资源方法进行捕捞的处罚，详见附录八《海洋渔业行政处罚速查表》第1项。

2. 对违反禁渔区和禁渔期规定进行捕捞的查处

（1）检查：一是检查涉案渔船船载卫星终端显示船位是否处于禁渔区内，显示的时间是否在禁渔期内；二是检查"渔业捕捞许可证"所核准的作业区域与作业时限；三是检查能否出示"专项（特许）渔业捕捞许可证"，如能出示，对其特许的作业时限、作业场所等内容与实际情况进一步核对；四是检查渔船渔获物情况，确定其种类、数量及存放位置；五是检查使用的渔具情况，确定其类型、数量、尺寸及使用状态。

（2）取证：按现场检查（勘验）顺序，制作现场检查（勘验）笔录，在笔录里应重点突出涉案渔船船载卫星终端显示船位及显示的时间，"渔业捕捞许可证"所核准的作业场所与作业时限，现场渔获物的种类、数量及存放位置等情况，渔具的具体类型、数量及使用情况。

在询问笔录里重点明确涉案渔船具体生产过程，包括何时从何地出航、每次作业的具体时间与地点、渔获物捕捞与处置等相关情况，询问当事人对禁渔期等相关规定的认知程度，如有违法所得需在询问笔录里加以明确。

两份笔录记录的情况与拍摄的证据照片、视频等视听资料需吻合，并且能够相互印证。

现场检查（勘验）笔录交船长（或船舶所有权人）签名确认，询问笔录交被询问人签名确认。

（3）处罚：对违反禁渔区和禁渔期规定进行捕捞的处罚，详见附录八《海洋渔业行政处罚速查表》第2项。

3. 对使用禁用渔具、捕捞方法进行捕捞的查处

（1）检查：一是检查涉案渔船正在采取的作业方式与作业方法，确认其中是否存在禁用的渔具或捕捞方法；二是检查"渔业捕捞许可证"中所核准的作业类型与作业方式；三是检查渔船渔获物情况，确定其种类、数量及存放位置；四是检查使用的渔具情况，确定其类型、数量、尺寸及使用状态。

（2）取证：按现场检查（勘验）顺序，制作现场检查（勘验）笔录，在笔录里应重点突出禁用渔具的存放位置、使用状态，渔获物的种类、数量及存放位置，使用渔具的具体类型、数量及当时的状态等。

在询问笔录里应重点明确禁用渔具的来源、使用情况、捕捞的渔获物及其处置情况等，如有违法所得需在询问笔录里加以明确。

两份笔录记录的情况与拍摄的证据照片、视频等视听资料需吻合，并且能够相互印证。

现场检查（勘验）笔录交船长（或船舶所有权人）签名确认，询问笔录交被询问人签名确认。

（3）处罚：对使用禁用渔具、捕捞方法进行捕捞的处罚，详见附录八《海洋渔业行政处罚速查表》第 3 项。

4. 对使用小于最小网目尺寸的网具进行捕捞的查处

（1）检查：一是检查涉案渔船正在使用的网具类型与数量是否与"渔业捕捞许可证"中核准的类型相符。二是检查网目的具体尺寸，在现场使用的网具中随机选取进行网目尺寸测量，并与相关标准进行比对（参照附录二中《农业部关于实施海洋捕捞准用渔具和过渡渔具最小网目尺寸制度的通告》）。三是检查渔船渔获物情况，确定其种类、数量及存放位置。

（2）取证：按现场检查（勘验）顺序，制作现场检查（勘验）笔录，在笔录里应重点突出涉案渔船所使用网具的具体类型、数量、使用状态，执法人员现场测量网目尺寸的过程及结果等。

在询问笔录里应重点明确涉案渔船网具的来源、使用情况与使用该网具捕捞的渔获物情况等，如有违法所得需在询问笔录里加以明确。

两份笔录记录的情况与拍摄的证据照片、视频等视听资料需吻合，并且能够相互印证。

现场检查（勘验）笔录交船长（或船舶所有权人）签名确认，询问笔录交被询问人签名确认。

（3）处罚：对使用小于最小网目尺寸的网具进行捕捞的处罚，详见附录八《海洋渔业行政处罚速查表》第 4 项。

5. 对捕获的渔获物中幼鱼超过规定比例的查处

（1）检查：一是检查涉案渔船渔获物情况，确定其种类、数量及存放位置；二是检查渔获物中相关幼鱼的比例，依照《农业部关于实施带鱼等 15 种重要经济鱼类最小可捕标准及幼鱼比例管理规定的通告》确定是否存在幼鱼比例超过规定的情况；三是检查使用的渔具情况，确定其类型、数量、尺寸及使用状态。

（2）取证：按现场检查（勘验）顺序，制作现场检查（勘验）笔录，在笔录里应重点突出涉案渔船渔获物的种类、数量、存放位置与所使用的渔具尺寸等情况，记录执法人员现场测量渔获物中幼鱼比例的过程与结果等。

在询问笔录里应重点明确涉案渔船捕捞的过程，写明渔获物中幼鱼比例的值，所获渔获物具体的数量、种类，所使用的渔具来源、数量、规格等，如有违法所得需在询问笔录里加以明确。

两份笔录记录的情况与拍摄的证据照片、视频等视听资料需吻合，并且能够相互印证。

现场检查（勘验）笔录交船长（或船舶所有权人）签名确认，询问笔录交被询问人签名确认。

（3）处罚：对捕获的渔获物中幼鱼超过规定比例的处罚，详见附录八《海洋渔业行政处罚速查表》第5项。

6. 对无证捕捞的查处

除了未依法取得捕捞许可证以外，使用无效的渔业捕捞许可证，或无正当理由不能提供捕捞许可证却从事渔业捕捞活动的为无证捕捞。

具有任何下列情况之一的，均为无效渔业捕捞许可证：逾期未年审或年审不合格的；证书载明的渔船主机功率与实际功率不符的；以欺骗或者涂改、伪造、变造、买卖、出租、出借等非法方式取得的；被撤销、注销的。

（1）检查：一是检查涉案渔船现场能否出示"渔业捕捞许可证"；二是检查出示的"渔业捕捞许可证"是否有效；三是检查渔船渔获物情况，确定其种类、数量及存放位置；四是检查使用的渔具情况，确定其类型、数量、尺寸及使用状态。

（2）取证：按现场检查（勘验）顺序，制作现场检查（勘验）笔录，在笔录里应重点突出涉案渔船无法出示"渔业捕捞许可证"或将所出示"渔业捕捞许可证"认定为无效或无正当理由不能提供捕捞许可证的环节及渔获物的种类、数量及存放位置等情况。

在询问笔录里应重点明确涉案渔船没有取得或随船携带证件的原因，以及在无证状态下捕捞的渔获物的数量、种类及处置方式等，如有违法所得需在询问笔录里加以明确。

两份笔录记录的情况与拍摄的证据照片、视频等视听资料需吻合，并且能够相互印证。

现场检查（勘验）笔录交船长（或船舶所有权人）签名确认，询问笔录交被询问人签名确认。

（3）处罚：对无证捕捞的处罚，详见附录八《海洋渔业行政处罚速查表》第6项。

7. 对违反作业类型、场所、时限和渔具数量的规定进行捕捞的查处

（1）检查：一是检查"渔业捕捞许可证"所核准作业类型、场所、时限的具体规定；二是检查渔船的实际作业类型与"渔业捕捞许可证"所核准的作业类型是否相符；三是检查渔船船载卫星终端所显示的作业场所与作业时限与"渔业捕捞许可证"所核准的内容是否相符；四是检查渔船渔获物情况，确定其种类、数量及存放位置；五是检查携带的渔具数量有无超出相关规定。

（2）取证：按现场检查（勘验）顺序，制作现场检查（勘验）笔录，在笔录里应重点突出涉案渔船"渔业捕捞许可证"所核准的作业类型、场所、时限，其实际所从事的作业类型、所处的作业海域与作业时间及所携带的渔具数量、捕获渔获物的种类、数量及存放位置等情况。

在询问笔录里应重点明确涉案渔船实际的作业状态（作业类型、场所、时间、渔具数量等），"渔业捕捞许可证"所对应核准的相关规定，违反规定的原因，捕捞的渔获物数量、种类及处置方式等，如有违法所得需在询问笔录里加以明确。

两份笔录记录的情况与拍摄的证据照片、视频等视听资料需吻合，并且能够相互印证。

现场检查（勘验）笔录交船长（或船舶所有权人）签名确

认，询问笔录交被询问人签名确认。

（3）处罚：对违反作业类型、场所、时限和渔具数量的规定进行捕捞的处罚，详见附录八《海洋渔业行政处罚速查表》第7项。

8. 对涂改、买卖、出租或者以其他形式转让捕捞许可证的查处

（1）检查：一是检查涉案渔船现场出示的"渔业捕捞许可证"有无涂改迹象；二是检查"渔业捕捞许可证"中所规定的船舶基本数据与"渔业船舶检验证书""渔业船舶国籍（登记）证书"等中所规定的是否相符。

（2）取证：按现场检查（勘验）顺序，制作现场检查（勘验）笔录，在笔录里应重点突出涉案渔船"渔业捕捞许可证"的出示、涂改及与其他相关证书的核对情况，以及捕获渔获物的种类、数量及存放位置等情况。

在询问笔录里应重点明确涉案渔船"渔业捕捞许可证"取得情况，发生涂改、买卖、出租或转让的具体原因，出（承）租方、买（卖）方、转（受）让方的具体情况（含违法所得的情况），以及捕捞的渔获物的数量、种类等。

两份笔录记录的情况与拍摄的证据照片、视频等视听资料需吻合，并且能够相互印证。

现场检查（勘验）笔录交船长（或船舶所有权人）签名确认，询问笔录交被询问人签名确认。

（3）处罚：对涂改、买卖、出租或者以其他形式转让捕捞许可证的处罚，详见附录八《海洋渔业行政处罚速查表》第8项。

9. 对未经批准在水产种质资源保护区从事捕捞活动的查处

（1）检查：一是检查涉案渔船是否能出示水产种质资源保护区内从事捕捞活动的相关证件，确认其作业资质；二是检查渔船船载卫星终端所显示的作业场所与作业时间，并与水产种质资源保护区所规定的作业场所与作业时限相对照；三是检查渔船渔获物情况，确定其种类、数量及存放位置；四是检查使用渔具的种类及数量等情况。

（2）取证：按现场检查（勘验）顺序，制作现场检查（勘验）笔录，在笔录里应重点突出涉案渔船的作业场所、作业时限与捕获的渔获物及渔具等情况。

在询问笔录里应重点明确涉案渔船在水产种质保护区内具体的生产情况，包括作业时间的起止时间，渔获物的具体的数量、种类，以及使用渔具的种类及数量等，询问当事人对水产种质资源保护区相关规定的知晓程度。

两份笔录记录的情况与拍摄的证据照片、视频等视听资料需吻合，并且能够相互印证。

现场检查（勘验）笔录交船长（或船舶所有权人）签名确认，询问笔录交被询问人签名确认。

（3）处罚：对未经批准在水产种质资源保护区从事捕捞活动的处罚，详见附录八《海洋渔业行政处罚速查表》第9项。

（三）对违反渔业水域生态环境保护规定的查处

违反渔业水域生态环境保护规定的违法行为可分两类：一是造成渔业水域生态环境破坏的违法行为；二是造成渔业污染事故的违法行为。前者客观上造成渔业资源、渔业水域损害或海洋保护区破坏；后者是由渔船造成的海洋环境污染事故以及在渔业水域、渔港水域或所辖海洋自然生态保护区内发生的各类污染事故。

主管机构在发现或接到事故报告后，应填写事故报告表，内容包括报告人、事故发生时间、地点、污染损害原因及状况等。

调查渔业水域污染事故，必须制作现场笔录，内容包括：发生事故时间、地点、水体类型、气候、水文、污染物、污染源、污染范围、损失程度等。

渔业环境监测站出具的监测数据、鉴定结论或其他具备资格的有关单位出具的鉴定证明是主管机构处理污染事故的依据。

各类违规情形的检查重点及取证要点：

1. 对违法排放污染物的查处

（1）检查：一是检查船舶是否在渔港水域或渔业水域排放污染物；二是检查船舶是否非军事船舶或渔港水域外的渔业船舶；三是检查向海域排放的污染物或者其他物质是否违反《海洋环境保护法》的规定；四是检查向海洋排放的污染物是否超过标准。

（2）取证：现场检查（勘验）笔录、影视资料主要固定船舶及相关作业违反规定向海洋排放污染物、弃物和压载水、船舶垃圾及其他有害物质的证据。

对船长或相关当事人违反规定向海洋排放污染物、弃物和压载水、船舶垃圾及其他有害物质做询问笔录。

复印船长或船舶所有人的身份信息、船舶证书、船舶记录等书证；必要时提取排放的污染物以及被污染的海水，并委托鉴定。

现场检查（勘验）笔录交船长（或船舶所有权人）签名确认，询问笔录交被询问人签名确认。

（3）处罚：对违法排放污染物的处罚，详见附录八《海洋渔业行政处罚速查表》第10项。

2. 对造成海洋环境污染事故不立即采取处理措施的查处

（1）检查：一是检查船舶属性，确定是渔港水域内的非军事船舶还是渔港水域外的渔业船舶；二是检查船舶因发生事故或者其他突发性事件，造成海洋环境污染事故有没有立即采取处理措施。

（2）取证：现场检查（勘验）笔录、影视资料主要固定因发生事故或者其他突发性事件，造成海洋环境污染事故，不立即采取处理措施的证据。

针对船长或相关当事人就造成海洋环境污染事故有没有立即采取处理措施做询问笔录。

复印船长或船舶所有人的身份信息、船舶证书、船舶记录等证书。

现场检查（勘验）笔录、印证的拍摄图片交船长（或船舶所有权人）签名确认，询问笔录交被询问人签名确认。

（3）处罚：对造成海洋环境污染事故不立即采取处理措施的处罚，详见附录八《海洋渔业行政处罚速查表》第11项。

3. 对违反污染物申报和污染事故报告规定的查处

（1）检查：一是检查渔港水域内非军事船舶和渔港水域外渔业船舶，是否不按照规定申报，甚至拒报污染物排放有关事项，或者在申报时弄虚作假的；二是检查是否发生事故或者其他突发性事件不按照规定报告的；三是检查是否拒报或者谎报船舶载运污染危害性货物申报事项的。

（2）取证：现场检查（勘验）笔录主要固定当事人不按照规定申报，甚至拒报污染物排放有关事项，或者在申报时弄虚作假的、拒报或者谎报船舶载运污染危害性货物申报事项的证据。

询问当事船舶船长（或船舶所有人）和其他当事人，收集不按照规定申报，甚至拒报污染物排放有关事项，或者在申报时弄虚作假的证据。

发生事故或者其他突发性事件不按照规定报告的；拒报或者谎报船舶载运污染危害性货物申报事项的各种证据。

现场检查（勘验）笔录交船长（或船舶所有权人）签名确认，询问笔录交被询问人签名确认。

（3）处罚：对违反污染物申报和污染事故报告规定的处罚，详见附录八《海洋渔业行政处罚速查表》第12项。

4. 对拒绝环境现场检查或在被检查时弄虚作假的查处

（1）检查：现场检查渔港水域内的非军事船舶和渔港水域外的渔业船舶污染物排放。

（2）取证：现场检查（勘验）笔录针对当事人不如实反映情况，不提供必要资料、拒绝现场检查，或者在被检查时弄虚作假的证据。

拍摄当事人拒绝污染物排放现场检查，不如实反映情况，不提供必要资料的证据。

现场检查（勘验）笔录交船长（或船舶所有权人）签名确认，询问笔录交被询问人签名确认。

（3）处罚：对拒绝环境现场检查的处罚，详见附录八《海洋渔业行政处罚速查表》第 13 项。

5. 对违反渔港、渔业船舶防污染规定的查处

（1）检查：一是在渔业港口、码头及渔业船舶进行现场检查；二是检查船舶国籍证书、所有权证书、检验证书、防污证书、防污文书等相关数据信息；三是检查防污设施、器材的配备；四是检查有无按照规定记载排污记录。

（2）取证：通过现场检查（勘验）笔录、影视资料固定渔业船舶未配备防污设施、器材的，未持有防污证书、防污文书，或者不按照规定记载排污记录的，以及对于在渔港水域拆船、旧船改装、打捞和其他水上、水下施工作业，造成海洋环境污染损害的证据。

复印、拍摄渔业船舶国籍证书、所有权证书或检验证书。

现场检查（勘验）笔录、影视资料形成相互印证。

现场检查（勘验）笔录交船长（或船舶所有权人）签名确认，询问笔录交被询问人签名确认。

（3）处罚：对违反渔港、渔业船舶防污染规定的处罚，详见附录八《海洋渔业行政处罚速查表》第 14 项。

6. 对造成海洋环境污染的查处

（1）检查：一是检查是否在渔业水域；二是检查因发生事故或者其他突发性事件造成海洋渔业污染事故现场，重点是对海洋环境的物理、化学性质观察；三是检查污染源，区分陆源与海洋污染源。

（2）取证：对违法造成海洋环境污染事故的单位做相关情况询问。

提取可能造成海洋环境污染事故的相关书证、物证、委托鉴定。

现场检查（勘验）笔录交船长（或船舶所有权人）签名确认，询问笔录交被询问人签名确认。

（3）处罚：对造成海洋环境污染的处罚，详见附录八《海洋渔业行政处罚速查表》第 15 项。

7. 对造成海洋水产资源破坏的查处

（1）检查：一是检查是否在渔业水域；二是检查造成海洋水产资源破坏程度；三是重点现场检查造成海洋水产资源破坏当事人的行为方式。

（2）取证：对违法造成海洋水产资源破坏的单位或个人做相关情况询问。

提取有关书证、物证；委托资质单位评估测量和鉴定。

现场检查（勘验）笔录交船长（或船舶所有权人）签名确认，询问笔录交被询问人签名确认。

（3）处罚：对造成海洋水产资源破坏的处罚，详见附录八《海洋渔业行政处罚速查表》第 16 项。

（四）对违反渔业港航监督及渔业水域交通安全规定的查处

违反渔业港航监督及渔业水域的交通安全的违法情形涉及 25 个方面。

各类违规情形的检查重点及取证要点：

1. 对未按规定持有防污证书与文书，或不如实记录涉及污染物排放及操作信息的查处

（1）检查：一是检查船舶是否持有防止海洋环境污染的证书与文书；二是检查是否按规定要求记载涉污作业，有无错记、漏记或涂改，记录者是否按规定签名；三是检查记录能否反映污染物排放及操作情况（配合检查轮机日志）。

（2）取证：未持有防止海洋环境污染的证书与文书的，对轮机长（或船舶所有人）做询问笔录。

记录不符合规定要求的，复印或拍摄油类记录簿记录信息。

对污染物排放及操作人和污染物排放及操作知情人做询问笔录，现场拍摄船舶涉及污染物排放及操作的图片。

现场检查（勘验）笔录交船长（或船舶所有权人）签名确认，询问笔录交被询问人签名确认。

（3）处罚：对未按规定持有防污证书与文书，或不如实记录涉及污染物排放及操作信息的处罚，详见附录八《海洋渔业行政处罚速查表》第 18 项。

2. 对未按规定持有船舶国籍证书、检验证书

（1）检查：检查当事船舶现场是否持有船舶国籍证书、船舶检验证书或船舶航行签证簿。

（2）取证：对船长（或船舶所有人）做未持证原因的询问笔录。

当事船舶未持相关证件在水上航行作业的船位动态电子定位截图或拍摄的相关图片。

现场检查（勘验）笔录交船长（或船舶所有权人）签名确认，询问笔录交被询问人签名确认。

（3）处罚：对未按规定持有船舶国籍证书、检验证书的处罚，详见附录八《海洋渔业行政处罚速查表》第 19 项。

3. 对持无效渔业船舶国籍证书或检验证书，或者擅自刷写船名（船号）、船籍港的查处

（1）检查：一是查看船舶国籍证书或船舶检验证书是否有效；二是了解船舶国籍证书或船舶检验证书有无失效的情形；三是查验船舶刷写的船名（船号）和船籍港与国籍证书是否一致。

（2）取证：复印、拍摄或留置无效的渔业船舶国籍证书或船舶检验证书；拍摄船名和船籍港现场图片。现场检查（勘验）笔录交船长（或船舶所有权人）签名确认，询问笔录交被询问人签名确认。

（3）处罚：对持无效的渔业船舶国籍证书或船舶检验证书，

或者擅自刷写船名（船号）、船籍港的处罚，详见附录八《海洋渔业行政处罚速查表》第 20 项。

4. 对伪造渔业船舶国籍证书、所有权证书或检验证书的查处

（1）检查：一是查看船舶国籍证书、所有权证书或检验证书的样式及防伪信息；二是查看发证日期、有效截止日期、发证机关与印章；三是连接船舶数据库核对船舶国籍证书、所有权证书与检验证书的相关数据信息。

（2）取证：复印、拍摄或留置伪造的渔业船舶国籍证书、所有权证书或检验证书。

现场检查（勘验）笔录交船长（或船舶所有权人）签名确认，询问笔录交被询问人签名确认。

（3）处罚：对伪造渔业船舶国籍证书、所有权证书或检验证书的处罚，详见附录八《海洋渔业行政处罚速查表》第 21 项。

5. 对冒用他船船名或船舶检验证书的查处

（1）检查：一是按照船舶检验证书检验记录数据，与船舶进行比对（如船体材料、作业方式、船长、型宽、主机型号与功率等）；二是连接船舶数据库进行相关数据信息核对。

（2）取证：复印、拍摄所使用的船名或船舶检验证书。

对船长（或船舶所有人）做相关情况询问笔录。

现场检查（勘验）笔录交船长（或船舶所有权人）签名确认，询问笔录交被询问人签名确认。

（3）处罚：对冒用他船船名或船舶检验证书的处罚，详见附录八《海洋渔业行政处罚速查表》第 22 项。

6. 对渔业船舶改建后未按规定办理变更登记的查处

（1）检查：一是检查船舶有无改建痕迹，如船体改建、更换主机等；二是查看改建船舶国籍登记证书有无按规定办理变更登记，以及变更登记信息记录的时间、内容与经办机关。

（2）取证：复印或拍摄船舶国籍证书。

拍摄船舶改建部位图片。

对船长（或船舶所有人）做相关情况询问笔录。

现场检查（勘验）笔录交船长（或船舶所有权人）签名确认，询问笔录交被询问人签名确认。

（3）处罚：对渔业船舶改建后未按规定办理变更登记的处罚，详见附录八《海洋渔业行政处罚速查表》第23项。

7. 对使用过期渔业船舶国籍证书的查处

（1）检查：检查渔业船舶国籍证书的有效期限。

（2）取证：复印或拍摄渔业船舶国籍证书。

对船长（或船舶所有人）做未更换渔业船舶国籍证书的询问笔录。

现场检查（勘验）笔录交船长（或船舶所有权人）签名确认，询问笔录交被询问人签名确认。

（3）处罚：对使用过期渔业船舶国籍证书的处罚，详见附录八《海洋渔业行政处罚速查表》第24项。

8. 对未按规定标写船名、船籍港或没有悬挂船名牌的查处

（1）检查：一是查看是否在船首两侧和船尾中央分别标写船名与船籍港，以及标写字形与字体尺寸是否符合规定要求；二是查看驾驶室顶部两侧是否悬挂船名牌，以及船名牌的型号是否符合规定要求。

（2）取证：拍摄船舶船名、船籍港与船名牌图片。

对船长（或船舶所有人）做未标写船名、船籍港或未悬挂船名牌的询问笔录。

现场检查（勘验）笔录交船长（或船舶所有权人）签名确认，询问笔录交被询问人签名确认。

（3）处罚：对未按规定标写船名、船籍港或没有悬挂船名牌的处罚，详见附录八《海洋渔业行政处罚速查表》第25项。

9. 对擅自使用遇险求救信号的查处

（1）检查：一是检查船舶航海日志，有无使用遇险求救信号的记录；二是核对船舶遇险求救信号的类型、数量、存放处所。

（2）取证：拍摄船上使用遇险求救信号的残留物图片。

船长（船舶所有人）或当事人承认使用遇险求救信号的，对船长（船舶所有人）或当事人使用遇险求救信号情况做询问笔录。

船长（船舶所有人）或当事人否认使用遇险求救信号的，对相关船员做询问笔录。

船舶配备遇险求救信号要求与检查情况存在差距的笔录。

第三者船舶（或飞机）的举报材料等。

现场检查（勘验）笔录交船长（或船舶所有权人）签名确认，询问笔录交被询问人签名确认。

（3）处罚：对擅自使用遇险求救信号的处罚，详见附录八《海洋渔业行政处罚速查表》第 26 项。

10. 对不正确填写或污损航海日志、轮机日志的查处

（1）检查：一是检查船舶航海日志、轮机日志，其填写是否及时、如实、规范；二是检查航海日志、轮机日志记录页面有无污损、缺页。

（2）取证：对航海或轮机日志记录不符合规定要求、污损航海或轮机日志的以及丢弃航海或轮机日志的，须复印或拍摄航海与轮机日志记录相关图片，并对船长（或轮机长）做询问笔录。

现场检查（勘验）笔录交船长（或船舶所有权人）签名确认，询问笔录交被询问人签名确认。

（3）处罚：对不正确填写或污损航海日志、轮机日志的处罚，详见附录八《海洋渔业行政处罚速查表》第 27 项。

11. 对未按规定配备救生、消防设备的查处

（1）检查：一是根据船舶检验证书或航行签证簿所记载的船舶救生、消防设备配备要求，逐项核对船舶配备的救生、消防设备的型号、数量；二是对每个救生、消防设备的配备型号、数量与完好状况及有效期进行检查，如救生衣（圈）褪色或反光带（片）的缺失，气胀式救生筏的检修与安装，灭火器是否过期或失效以及存放处所等。

（2）取证：拍摄不符合规定的救生、消防设备图片。

对船长（或船舶所有人）做救生、消防设备配备情况的询问笔录。

收集救生、消防、信号等安全设备缺乏完整完好性的证据。

现场检查（勘验）笔录交船长（或船舶所有权人）签名确认，询问笔录交被询问人签名确认。

（3）处罚：对未按规定配备救生、消防设备的处罚，详见附录八《海洋渔业行政处罚速查表》第 28 项。

12. 对未按规定配齐渔业职务船员的查处

（1）检查：一是根据船舶职务船员配备标准，核对随船持证职务船员配备情况；二是查验所配备职务船员的等级、航区是否与所在船舶与作业水域相符；三是查验职务船员证书的有效期。

（2）取证：复印或拍摄职务船员证书图片。

对船长（或船舶所有人）做职务船员配备的询问笔录。

现场检查（勘验）笔录交船长（或船舶所有权人）签名确认，询问笔录交被询问人签名确认。

（3）处罚：对未按规定配齐渔业职务船员的处罚，详见附录八《海洋渔业行政处罚速查表》第 29 项。

13. 对渔业船员未携带有效渔业船员证书的查处

（1）检查：一是查验随船普通船员持有证书的情况；二是核对普通船员所持证书的有效期限。

（2）取证：对未取得普通渔业船员证书的人员做询问笔录。

复印或拍摄船员所持过期证书的图片。

现场检查（勘验）笔录交船长（或船舶所有权人）签名确认，询问笔录交被询问人签名确认。

（3）处罚：对普通船员未取得证书的处罚，详见附录八《海洋渔业行政处罚速查表》第 30 项。

14. 对超过核定航区和抗风等级航行作业的查处

（1）检查：对照船舶检验证书载明的核定航区，检查船舶航行作业所处的航区。

（2）取证：当事船舶航行作业的船位电子定位截图或拍摄的相关图片。

对船长（或大副）作有关航行作业区域的询问笔录。

现场检查（勘验）笔录交船长（或船舶所有权人）签名确认，询问笔录交被询问人签名确认。

（3）处罚：对超过核定航区和抗风等级航行作业的处罚，详见附录八《海洋渔业行政处罚速查表》第31项。

15. 对冒用、租借他人或涂改船员证书的查处

（1）检查：一是核对随船职务船员与普通船员所持证书的情况；二是查验船员证书有无涂改的痕迹。

（2）取证：对涉嫌冒用、租借他人证书以及船员证书载明的持证人的人员做询问笔录。

复印、拍摄或留置相关的船员证书。

现场检查（勘验）笔录交船长（或船舶所有权人）签名确认，询问笔录交被询问人签名确认。

（3）处罚：对冒用、租借他人或涂改船员证书的处罚，详见附录八《海洋渔业行政处罚速查表》第32项。

16. 对船员证书持证人与证书所载内容不符的查处

（1）检查：核对证书所载内容与持证人信息，如姓名、性别、出生年月、证书有效期限（超过五年的）、发证机关与印章是否一致等。

（2）取证：复印或拍摄证书持证人与所持证书的图片。

对持证人做询问笔录。

现场检查（勘验）笔录交船长（或船舶所有权人）签名确认，询问笔录交被询问人签名确认。

（3）处罚：对船员证书持证人与证书所载内容不符的处罚，

详见附录八《海洋渔业行政处罚速查表》第 33 项。

17. 对损坏航标与设施，或造成航标与设施失效、移位、流失的查处

（1）检查：一是查航海（轮机）日志记录信息、海图作业信息、船载卫星终端与 AIS 显示的航迹信息；二是查验船舶是否残留与航标设备受损相吻合的痕迹。

（2）取证：船长（或船舶所有人）承认损坏航标的，对船长（或船舶所有人）做询问笔录。

船长（或船舶所有人）不承认损坏航标的，对当班驾驶员做询问笔录。

复印或拍摄航海（轮机）日志记录、海图作业、船载卫星终端与 AIS 显示的航迹截图信息。

第三者船舶的举报材料。

现场检查（勘验）笔录交船长（或船舶所有权人）签名确认，询问笔录交被询问人签名确认。

（3）处罚：对损坏航标与设施，或造成航标与设施失效、移位、流失的处罚，详见附录八《海洋渔业行政处罚速查表》第35 项。

18. 对造成航标与设施损坏或者失效、移位、流失而不向主管机关报告的查处

（1）检查：一是检查收集航海（轮机）日志记录信息、海图作业信息、船载卫星终端与 AIS 显示的航迹信息；二是查验船舶是否残留与航标设施受损相吻合的痕迹。

（2）取证：船长（或船舶所有人）承认损坏航标与设施而未向主管机关报告的，对船长（或船舶所有人）做询问笔录。

船长（或船舶所有人）不承认损坏航标与设施的，对当班驾驶员做询问笔录。

复印或拍摄航海（轮机）日志记录、海图作业、船载卫星终端与 AIS 显示的航迹截图信息。

第三者船舶的举报材料。

现场检查（勘验）笔录交船长（或船舶所有权人）签名确认，询问笔录交被询问人签名确认。

（3）处罚：对造成航标与设施损坏或者失效、移位、流失而不向主管机关报告的处罚，详见附录八《海洋渔业行政处罚速查表》第36项。

19. 对发现有人遇险、遇难或收到求救信号，在不危及自身安全的情况下，不提供救助或不服从渔政渔港监督管理机关救助指挥的查处

（1）检查：一是检查船舶航海日志，有无涉及遇险求救的信息记录；二是查验船舶海图作业，船舶是否出现在他船（人）遇险水域；三是查验在遇险水域，主机有无频繁操作等异常行为；四是核查船舶适航状况，是否具备水上施救能力。

（2）取证：船长（船舶所有人）或当班驾驶员承认发现有人遇险、遇难或收到求救信号后，而未提供救助的，对船长（船舶所有人）或当班驾驶员做询问笔录。

船长（船舶所有人）或当班驾驶员不承认有发现有人遇险、遇难或收到求救信号后未提供救助，对遇险获救的人员和目睹遇险、遇难的人员做询问笔录。

发现遇险或者看到求救信号后，对报告当班驾驶员的船员所做的询问笔录。

收听到海上通话的船舶提供的证明材料。

渔政渔港监督管理机关发出口头救助指令的音像材料。

现场检查（勘验）笔录交船长（或船舶所有权人）签名确认，询问笔录交被询问人签名确认。

（3）处罚：对发现有人遇险、遇难或收到求救信号，在不危及自身安全的情况下，不提供救助或不服从渔政渔港监督管理机关救助指挥的处罚，详见附录八《海洋渔业行政处罚速查表》第40项。

20. 对发生碰撞事故，接到主管机关守候现场或到指定地点接受调查的指令后，擅离现场或拒不到指定地点的查处

（1）检查：主管机关相关指令发出后，在事故现场或指定地点未发现当事船舶。

（2）取证：主管机关拍摄的能反映时间、事故地点、事故现场船舶的照片。

主管机关发出的船舶驶抵指定地点接受调查通知书或口头指令音像材料。

拍摄的当事船舶未驶抵指定地点的现场照片。

对当事船舶未执行主管机关指令的行为做询问笔录。

现场检查（勘验）笔录交船长（或船舶所有权人）签名确认，询问笔录交被询问人签名确认。

（3）处罚：对发生碰撞事故，接到主管机关守候现场或到指定地点接受调查的指令后，擅离现场或拒不到指定地点的处罚，详见附录八《海洋渔业行政处罚速查表》第 41 项。

（五）对外国人、外国船舶渔业违法行为的查处

外国人、外国船舶在我国管辖海域从事渔业活动应当遵守所属国与我国签订的有关渔业协定，按照双方商定的作业程序和规则作业，并且不得违反我国有关外国人、外国船舶的法律、法规和规章。

在海上登临检查外国船舶时，应重点按船旗国与我国的协议所制定的有关渔船作业程序和规则，以及我国制定的有关法律法规规定进行检查。需要注意的是，外国人、外国船舶在我国管辖海域的作业条件每年都会有所改变，需要执法人员在执法前及时更新相应的检查内容和检查依据，以我国与有关国家当年商定的作业条件为准。

受到罚款处罚的外国船舶及其人员，必须在离港或开航前缴清罚款。不能在离港或开航前缴清罚款的，应当提交相当于罚款额的保证金或处罚决定机关认可的其他担保，否则不得离港。

对外国人、外国船舶渔业违法案件处罚执行完毕后，要及时将案件的处理情况和相关法律文书复印件，报上级主管机关；同时将结案情况抄报同级人民政府外事管理部门。

根据《中华人民共和国管辖海域外国人、外国船舶渔业活动管理暂行规定》和相关法律、法规的规定，外国人、外国船舶的违法行为有 18 种情况。

各类违规情形的检查重点及取证要点：

1. 对非法在我国内水、领海从事捕捞、渔业补给或转载鱼货等渔业生产活动的查处

（1）检查：检查外国人、外国船舶是否在我国内水、领海内从事渔业生产活动。

（2）取证：确认外国人、外国船舶位于我国的内水或者领海内。确认外国人、外国船舶在上述地点从事了渔业生产活动。

上述两点可以通过现场笔录、询问笔录、照片、录像等方式进行取证。

现场检查（勘验）笔录交船长（或船舶所有权人）签名确认，询问笔录交被询问人签名确认。

（3）处罚：对非法在我国内水、领海从事渔业生产活动的处罚，详见附录八《海洋渔业行政处罚速查表》第 42 项。

2. 对未经批准在我国内水、领海从事生物资源调查活动的查处

（1）检查：一是检查外国人、外国船舶是否在我国内水、领海内从事生物资源调查活动；二是检查外国人、外国船舶在我国内水、领海内从事生物资源调查活动，是否持有有效的批准书或许可证。

（2）取证：收集外国人、外国船舶从事了生物资源调查活动的证据。收集外国人、外国船舶从事生物资源调查活动的地点是我国内水、领海的证据。收集外国人、外国船舶从事生物资源调查活动未经批准的证据。

在制作现场检查（勘验）笔录等法律文书、询问当事人、摄录像等调查取证过程中,应当围绕上述三方面获取证据。

现场检查(勘验)笔录交船长(或船舶所有权人)签名确认,询问笔录交被询问人签名确认。

(3)处罚:对未经批准在我国内水、领海从事生物资源调查活动的处罚,详见附录八《海洋渔业行政处罚速查表》第43项。

3. 对未经批准在我国专属经济区和大陆架从事捕捞、渔业补给或转载鱼货等渔业生产活动的查处

(1)检查:检查外国人、外国船舶是否在我国专属经济区和大陆架内从事渔业生产活动。

(2)取证要点:确认外国人、外国船舶位于我国的专属经济区或大陆架内。确认外国人、外国船舶在上述地点从事了渔业生产活动。

上述两点可以通过现场笔录、询问笔录、照片、录像等方式进行取证。

现场检查(勘验)笔录交船长(或船舶所有权人)签名确认,询问笔录交被询问人签名确认。

(3)处罚:对未经批准在我国专属经济区和大陆架从事渔业生产活动的处罚,详见附录八《海洋渔业行政处罚速查表》第45项。

4. 对未经批准在我国专属经济区和大陆架从事生物资源调查活动的查处

(1)检查:一是检查外国人、外国船舶是否在我国专属经济区或大陆架内从事生物资源调查活动;二是检查外国人、外国船舶在我国专属经济区或大陆架内从事生物资源调查活动,是否持有有效的批准书或许可证。

(2)取证:收集外国人、外国船舶从事了生物资源调查活动的证据。收集外国人、外国船舶从事生物资源调查活动的地点是我国专属经济区或大陆架的证据。收集外国人、外国船舶从事生物资源调查活动未经批准的证据。

在制作现场检查（勘验）笔录等法律文书、询问当事人、摄录像等调查取证过程中，应当围绕上述三方面获取证据。

现场检查（勘验）笔录交船长（或船舶所有权人）签名确认，询问笔录交被询问人签名确认。

（3）处罚：对未经批准在我国专属经济区和大陆架从事生物资源调查活动的处罚，详见附录八《海洋渔业行政处罚速查表》第46项。

5. 对获准在我国专属经济区和大陆架从事渔业生产、生物资源调查活动，未按许可的作业区域、时间、类型、船舶功率或吨位作业的查处

（1）检查：一是检查外国人、外国船舶是否在我国专属经济区或大陆架内；二是检查外国人、外国船舶是否在上述区域从事渔业生产、生物资源调查活动；三是检查外国人、外国船舶在上述区域从事上述活动，是否持有有效的批准书或许可证；四是检查外国人、外国船舶在上述区域从事上述活动，是否按许可的作业区域、时间、类型、船舶功率或吨位作业。

（2）取证：收集外国人、外国船舶从事了渔业生产、生物资源调查活动的证据。收集外国人、外国船舶从事渔业生产、生物资源调查活动的地点是我国专属经济区或大陆架的证据。收集外国人、外国船舶从事上述活动未按许可的作业区域、时间、类型、船舶功率或吨位作业的证据。

在制作现场检查（勘验）笔录等法律文书、询问当事人、摄录像等调查取证过程中，应当围绕上述几个方面获取证据。

现场检查（勘验）笔录交船长（或船舶所有权人）签名确认，询问笔录交被询问人签名确认。

（3）处罚：对获准在我国专属经济区和大陆架从事渔业生产、生物资源调查活动，未按许可的作业区域、时间、类型、船舶功率或吨位作业的处罚，详见附录八《海洋渔业行政处罚速查表》第48项。

6. 对获准在我国专属经济区和大陆架从事渔业生产、生物资源调查活动，超过核定捕捞配额的查处

（1）检查：一是检查外国人、外国船舶是否在我国专属经济区或大陆架内；二是检查外国人、外国船舶是否在上述区域从事渔业生产、生物资源调查活动；三是检查外国人、外国船舶在上述区域从事上述活动，是否持有有效的批准书或许可证；四是检查外国人、外国船舶在上述区域从事上述活动，有没有超过核定的捕捞配额。

（2）取证：收集外国人、外国船舶从事了渔业生产、生物资源调查活动的证据。收集外国人、外国船舶从事渔业生产、生物资源调查活动的地点是我国专属经济区或大陆架的证据。收集外国人、外国船舶从事上述活动超过了核定的捕捞配额的证据。

在制作现场检查（勘验）笔录等法律文书、询问当事人、摄录像等调查取证过程中，应当围绕上述几个方面获取证据。

现场检查（勘验）笔录交船长（或船舶所有权人）签名确认，询问笔录交被询问人签名确认。

（3）处罚：对获准在我国专属经济区和大陆架从事渔业生产、生物资源调查活动，超过核定捕捞配额的处罚，详见附录八《海洋渔业行政处罚速查表》第49项。

7. 对获准在我国专属经济区和大陆架从事渔业生产、生物资源调查活动，未按规定填写渔捞日志的查处

（1）检查：一是检查外国人、外国船舶是否在我国专属经济区或大陆架内；二是检查外国人、外国船舶是否在上述区域从事渔业生产、生物资源调查活动；三是检查外国人、外国船舶在上述区域从事上述活动，是否持有有效的批准书或许可证；四是检查外国人、外国船舶在上述区域从事上述活动，是否按规定填写渔捞日志。

（2）取证：收集外国人、外国船舶从事了渔业生产、生物资源调查活动的证据。收集外国人、外国船舶从事渔业生产、生物资源调查活动的地点是我国专属经济区或大陆架的证据。收集外国人、外国船舶从事上述活动没有按规定填写渔捞日志的证据。

在制作现场检查（勘验）笔录等法律文书、询问当事人、摄录像等调查取证过程中，应当围绕上述几个方面获取证据。

现场检查（勘验）笔录交船长（或船舶所有权人）签名确认，询问笔录交被询问人签名确认。

（3）处罚：对获准在我国专属经济区和大陆架从事渔业生产、生物资源调查活动，未按规定填写渔捞日志的处罚，详见附录八《海洋渔业行政处罚速查表》第50项。

8. 对获准在我国专属经济区和大陆架从事渔业生产、生物资源调查活动，未按规定向指定的监督机构报告船位、渔捞情况等信息的查处

（1）检查：一是检查外国人、外国船舶是否在我国专属经济区或大陆架内；二是检查外国人、外国船舶是否在上述区域从事渔业生产、生物资源调查活动；三是检查外国人、外国船舶在上述区域从事上述活动，是否持有有效的批准书或许可证；四是检查外国人、外国船舶在上述区域从事上述活动，是否按规定向指定的监督机构报告船位、渔捞情况等信息。

（2）取证：收集外国人、外国船舶从事了渔业生产、生物资源调查活动的证据。收集外国人、外国船舶从事渔业生产、生物资源调查活动的地点是我国专属经济区或大陆架的证据。收集外国人、外国船舶从事上述活动没有按规定向指定的监督机构报告船位、渔捞情况等信息的证据。

在制作现场检查（勘验）笔录等法律文书、询问当事人、摄录像等调查取证过程中，应当围绕上述几个方面获取证据。

现场检查（勘验）笔录交船长（或船舶所有权人）签名确认，询问笔录交被询问人签名确认。

（3）处罚：对获准在我国专属经济区和大陆架从事渔业生产、生物资源调查活动，未按规定向指定监督机构报告船位、渔捞情况等信息的处罚，详见附录八《海洋渔业行政处罚速查表》第51项。

9. 对获准在我国专属经济区和大陆架从事渔业生产、生物资源调查活动，未按规定标识作业船舶的查处

（1）检查：一是检查外国人、外国船舶是否在我国专属经济区或大陆架内；二是检查外国人、外国船舶是否在上述区域从事渔业生产、生物资源调查活动；三是检查外国人、外国船舶在上述区域从事上述活动，是否持有有效的批准书或许可证；四是看从事上述活动的外国船舶标识是否符合规定。

（2）取证：收集外国人、外国船舶从事了渔业生产、生物资源调查活动的证据。收集外国人、外国船舶从事渔业生产、生物资源调查活动的地点是我国专属经济区或大陆架的证据。收集外国作业船舶标识不符合规定的证据。

在制作现场检查（勘验）笔录等法律文书、询问当事人、摄录像等调查取证过程中，应当围绕上述几个方面获取证据。

现场检查（勘验）笔录交船长（或船舶所有权人）签名确认，询问笔录交被询问人签名确认。

（3）处罚：对获准在我国专属经济区和大陆架从事渔业生产、生物资源调查活动，未按规定标识作业船舶的处罚，详见附录八《海洋渔业行政处罚速查表》第52项。

10. 对获准在我国专属经济区和大陆架从事渔业生产、生物资源调查活动，未按规定的网具规格和网目尺寸作业的查处

（1）检查：一是检查外国人、外国船舶是否在我国专属经济区或大陆架内；二是检查外国人、外国船舶是否在上述区域从事渔业生产、生物资源调查活动；三是检查外国人、外国船舶在上述区域从事上述活动，是否持有有效的批准书或许可证；四是检查外国人、外国船舶在上述区域从事上述活动所使用的网具规格和网目尺寸是否符合规定。

（2）取证：收集外国人、外国船舶从事了渔业生产、生物资源调查活动的证据。收集外国人、外国船舶从事渔业生产、生物资源调查活动的地点是我国专属经济区或大陆架的证据。收集外国人、外国船舶从事上述活动的网具规格和网目尺寸不符合规定的证据。

在制作现场检查（勘验）笔录等法律文书、询问当事人、摄录像等调查取证过程中，应当围绕上述几个方面获取证据。

现场检查（勘验）笔录交船长（或船舶所有权人）签名确认，询问笔录交被询问人签名确认。

（3）处罚：对获准在我国专属经济区和大陆架从事渔业生产、生物资源调查活动，未按规定的网具规格和网目尺寸作业的处罚，详见附录八《海洋渔业行政处罚速查表》第53项。

11. 对未取得入渔许可进入中华人民共和国管辖水域，或取得入渔许可但航行于许可作业区域以外的外国船舶，未将渔具收入舱内或未按规定捆扎、覆盖的查处

（1）检查：一是检查外国船舶是否在我国内水、领海、专属经济区或大陆架内；二是检查外国船舶是否持有我国政府部门颁发的从事渔业活动的批准书或许可证；三是检查外国船舶在上述区域航行时渔具的状态，包括是否处于甲板上，以及是否进行了捆扎、覆盖，捆扎、覆盖的情形是否符合我国有关规定。

（2）取证：收集外国船舶所处地点是我国内水、领海、专属经济区或大陆架的证据。收集外国船舶上有渔具的证据。收集外国船舶未持有入渔许可的证据，或者持有入渔许可但航行于许可作业区域外的证据。收集外国船舶上的渔具收藏状态的证据，以证明是否收入舱内或是否按规定进行了捆扎、覆盖。

在制作现场检查（勘验）笔录等法律文书、询问当事人、摄录像等调查取证过程中，应当围绕上述几个方面获取证据。

现场检查（勘验）笔录交船长（或船舶所有权人）签名确认，询问笔录交被询问人签名确认。

（3）处罚：对未取得入渔许可进入中华人民共和国管辖水域，或取得入渔许可但航行于许可作业区域以外的外国船舶，未将渔具收入舱内或未按规定捆扎、覆盖的处罚，详见附录八《海洋渔业行政处罚速查表》第 54 项。

12. 对外国船舶未经批准进出我国渔港的查处

（1）检查：一是检查外国船舶是否存在进出我国渔港的情形；二是检查外国渔船进出外国渔港是否经过我国主管机关的批准。

（2）取证：收集外国船舶进出我国渔港的证据。收集外国船舶进出我国渔港未得到我国主管机关批准的证据。

在制作现场检查（勘验）笔录等法律文书、询问当事人、摄录像等调查取证过程中，应当围绕上述两个方面获取证据。

现场检查（勘验）笔录交船长（或船舶所有权人）签名确认，询问笔录交被询问人签名确认。

（3）处罚：对外国船舶未经批准进出我国渔港的处罚，详见附录八《海洋渔业行政处罚速查表》第 55 项。

13. 对外国船舶进出我国渔港违反船舶装运、装卸危险品规定的查处

（1）检查：一是检查外国船舶是否存在进出我国渔港的情形；二是检查外国船舶进出我国渔港是否经过我国主管机关的批准；三是检查外国船舶是否存在装运、卸载危险品的情形；四是检查外国船舶装运、卸载危险品是否符合我国有关规定。

（2）取证：收集外国船舶进出我国渔港的证据。收集外国船舶进出我国渔港装运、卸载危险品的证据。收集外国船舶进出我国渔港装运、卸载危险品不符合我国有关规定的证据。

在制作现场检查（勘验）笔录等法律文书、询问当事人、摄录像等调查取证过程中，应当围绕上述几个方面获取证据。

现场检查（勘验）笔录交船长（或船舶所有权人）签名确认，询问笔录交被询问人签名确认。

（3）处罚：对外国船舶进出我国渔港违反船舶装运、装卸危险品规定的处罚，详见附录八《海洋渔业行政处罚速查表》第

56 项。

14. 对外国船舶进出我国渔港，拒不服从渔政渔港监督管理机构指挥调度的查处

（1）检查：一是检查外国船舶是否存在进出我国渔港的情形；二是检查外国船舶进出我国渔港是否经过我国主管机关的批准；三是确定外国船舶进出我国渔港期间，是否服从渔政渔港监督管理机构指挥调度。

（2）取证：收集外国船舶进出我国渔港的证据。收集外国船舶进出我国渔港不服从渔政渔港监督管理机构指挥调度的证据。

在制作现场检查（勘验）笔录等法律文书、询问当事人、摄录像等调查取证过程中，应当围绕上述两个方面获取证据。

现场检查（勘验）笔录交船长（或船舶所有权人）签名确认，询问笔录交被询问人签名确认。

（3）处罚：对外国船舶进出我国渔港，拒不服从渔政渔港监督管理机构指挥调度的处罚，详见附录八《海洋渔业行政处罚速查表》第 57 项。

15. 对外国船舶拒不执行渔政渔港监督管理机构作出的离港、停航、改航、停止作业和禁止进、离港等决定的查处

（1）检查：一是检查外国船舶是否存在进出我国渔港的情形；二是检查外国船舶进出我国渔港是否经过我国主管机关的批准；三是确认外国船舶是否执行渔政渔港监督管理机构作出的离港、停航、改航、停止作业和禁止进、离港等决定。

（2）取证：收集外国船舶进出我国渔港的证据。收集我国渔政渔港监督管理机构对外国船舶做出的离港、停航、改航、停止作业和禁止进、离港等决定文件。收集外国船舶不执行渔政渔港监督管理机构做出的离港、停航、改航、停止作业和禁止进、离港等决定的证据。

在制作现场检查（勘验）笔录等法律文书、询问当事人、摄录像等调查取证过程中，应当围绕上述几个方面获取证据。

现场检查（勘测）笔录交船长（或船舶所有权人）签名确认，询问笔录交被询问人签名确认。

（3）处罚：对外国船舶拒不执行渔政渔港监督管理机构做出的离港、停航、改航、停止作业和禁止进、离港等决定的处罚，详见附录八《海洋渔业行政处罚速查表》第 58 项。

16. 对外国船舶造成我国渔港及渔港水域污染的查处

（1）检查：一是检查外国船舶是否处于我国渔港水域范围内；二是检查外国船舶是否造成渔港或渔港水域污染。

（2）取证：收集外国船舶处于我国渔港水域的证据。收集外国船舶造成渔港或渔港水域污染的证据，包括发生污染的时间、区域、污染物种类、污染源、污染后果等。

在制作现场检查（勘验）笔录等法律文书、询问当事人、摄录像等调查取证过程中，应当围绕上述两个方面获取证据。

现场检查（勘验）笔录交船长（或船舶所有权人）签名确认，询问笔录交被询问人签名确认。

（3）处罚：对外国船舶造成我国渔港及渔港水域污染的处罚，详见附录八《海洋渔业行政处罚速查表》第 59 项。

附　　录

附录一　农业部关于禁止使用双船单片多囊拖网等十三种渔具的通告

一、农业部关于禁止使用双船单片多惠拖网等十三种渔具的通告

为加强捕捞渔具管理，巩固清理整治违规渔具专项行动成果，保护海洋渔业资源，根据《中华人民共和国渔业法》《渤海生物资源养护规定》和《中国水生生物资源养护行动纲要》，农业部决定全面禁止使用双船单片多囊拖网等十三种渔具。现通告如下：

（一）实行时间和范围

自 2014 年 1 月 1 日起，黄渤海、东海、南海三个海区全面禁止使用双船单片多囊拖网等十三种渔具，浅海、滩涂等沿海开放式养殖水域也属禁止使用范围。

（二）禁用渔具目录

除继续执行国家现有规定外，黄渤海、东海、南海三个海区内禁止使用双船单片多囊拖网、拖曳泵吸耙刺、拖曳柄钩耙刺、拖曳水冲齿耙耙刺、拦截插网陷阱、导陷插网陷阱、导陷箔筌陷阱、拦截箔筌陷阱、漂流延绳束状敷网、船布有翼单囊地拉网、船布无囊地拉网、抛撒无囊地拉网、拖曳束网耙刺等十三种渔具，详见附件。

（三）有关要求

禁用渔具的所有者、使用者须在 2013 年 12 月 31 日之前对

上述渔具进行清理和更换。自 2014 年 1 月 1 日起，全面禁止制造、销售、使用双船单片多囊拖网等十三种禁用渔具。沿海各级渔业执法机构要对海上、滩涂、港口渔船携带、使用禁用渔具的情况进行执法检查。对制造、销售、使用禁用渔具的，依据《渔业法》第三十八条处理、处罚，并对使用禁用渔具的渔船，视情全部或部分扣除当年的渔业油价补助资金。对携带禁用渔具的捕捞渔船，按使用禁用渔具处理、处罚。

本通告自 2014 年 1 月 1 日起施行。

特此通告

附件：禁用渔具目录

农业部
2013 年 11 月 29 日

附件

禁用渔具目录

序号	分类	渔具分类名称	俗名或地方名		
			黄渤海区	东海区	南海区
JY－01	拖网	双船单片多囊拖网	无	百袋网	无
JY－02	耙刺	拖曳泵吸耙刺	吸蛤泵、吸蛤耙、蓝蛤泵	蓝蛤泵	无
JY－03	耙刺	拖曳柄钩耙刺	无	无	鱼乃挖、白蚬耙。
JY－04	耙刺	拖曳水冲齿耙耙刺	泵耙子、泵耙网	水冲式耙子	无
JY－05	陷阱	拦截桶网陷阱	地插网、撩网、梁网、亮子网、簖网	吊艟、迷魂网、滩涂串网、夹洛、樯网、高仓网、大浦网、小围网、琼蛇网	督罟、起落网、百袋网、网薄、闸薄、闸门、蟟蛇网、簖网
JY－06	陷阱	导陷桶网陷阱	须笼、须子网、须网	无	滩边罟、簺网、百袋网
JY－07	陷阱	导陷箔筌陷阱	无	无	虾箔、渔箔

（续）

序号	分类	渔具分类名称	俗名或地方名		
			黄渤海区	东海区	南海区
JY－08	陷阱	拦截销筌陷阱	无	无	围海
JY－09	杂渔具	漂流延绳束状敷网	无	无	石斑苗网
JY－10	杂渔具	船布有翼单囊地拉网	无	无	长网、拉大网、涠洲大网
JY－11	杂渔具	船布无囊地拉网	大拉网、拉大网、地拉网	无	大拉网、拉大网、地拉网、地拖网、大地拖网
JY－12	杂渔具	抛撒无囊地拉网	无	无	牵沟网
JY－13	耙刺	拖曳束网耙刺	无	珊瑚网	无

附录二　农业部关于实施海洋捕捞准用渔具和过渡渔具最小网目尺寸制度的通告

　　为加强捕捞渔具管理，巩固清理整治违规渔具专项行动成果，保护海洋渔业资源，根据《中华人民共和国渔业法》《渤海生物资源养护规定》和《中国水生生物资源养护行动纲要》，农业部决定实施海洋捕捞准用渔具和过渡渔具最小网目尺寸制度。现通告如下：

　　（一）实行时间和范围

　　自 2014 年 6 月 1 日起，黄渤海、东海、南海三个海区全面实施海洋捕捞准用渔具和过渡渔具最小网目尺寸制度，有关最小网目尺寸标准详见附件 1、2。

　　（二）主要内容

　　1. 根据现有科研基础和捕捞生产实际，海洋捕捞渔具最小网目尺寸制度分为准用渔具和过渡渔具两大类。准用渔具是国家允许使用的海洋捕捞渔具，过渡渔具将根据保护海洋渔业资源的需要，今后分别转为准用或禁用渔具，并予以公告。

　　2. 主捕种类为颚针鱼、青鳞鱼、梅童鱼、凤尾鱼、多鳞鱚、少鳞鱚、银鱼、小公鱼等鱼种的刺网作业，由各省（自治区、直辖市）渔业行政主管部门根据此次确定的最小网目尺寸标准实行特许作业，限定具体作业时间、作业区域。拖网主捕种类为鳀鱼，张网主捕种类为毛虾和鳗苗，围网主捕种类为青鳞鱼、前鳞骨鲻、斑鰶、金色小沙丁鱼、小公鱼等特定鱼种的，由各省（自治区、直辖市）渔业行政主管部门根据捕捞生产实际，单独制定最小网目尺寸，严格限定具体作业时间和作业区域。上述特许规定均须在 2014 年 4 月 1 日前报农业部渔业局备案同意后执行。

各地特许规定将在农业部网站上公开，方便渔民查询、监督。

3. 各省（自治区、直辖市）渔业行政主管部门，可在本通告规定的最小网目尺寸标准基础上，根据本地区渔业资源状况和生产实际，制定更加严格的海洋捕捞渔具最小网目尺寸标准，并报农业部渔业局备案。

（三）测量办法

根据 GB/T 6964—2010 规定，采用扁平楔形网目内径测量仪进行测量。网目长度测量时，网目应沿有结网的纵向或无结网的长轴方向充分拉直，每次逐目测量相邻 5 目的网目内径，取其最小值为该网片的网目内径。三重刺网在测量时，要测量最里层网的最小网目尺寸；双重刺网要测量两层网中网眼更小的网的最小网目尺寸。各省（自治区、直辖市）渔业行政主管部门可结合本地实际，在上述规定基础上制定出简便易行的测量办法。

（四）有关要求

1. 2014 年 6 月 1 日之前，小于最小网目尺寸的捕捞渔具所有者、使用者须按上述标准尽快调整和更换，执法机构仍按国家已有网目尺寸规定进行执法。

2. 自 2014 年 6 月 1 日起，禁止使用小于最小网目尺寸的渔具进行捕捞。沿海各级渔业执法机构要根据本通告，对海上、滩涂、港口渔船携带、使用渔具的网目情况进行执法检查。对使用小于最小网目尺寸的渔具进行捕捞的，依据《渔业法》第三十八条予以处罚，并全部或部分扣除当年的渔业油价补助资金。对携带小于最小网目尺寸渔具的捕捞渔船，按使用小于最小网目尺寸渔具处理、处罚。

3. 严禁在拖网等具有网囊的渔具内加装衬网，一经发现，按违反最小网目尺寸规定处理、处罚。

4. 2014 年 3 月 1 日起，新申请或者换发《渔业捕捞许可证》的，须按照本通告附件所列渔具名称和主捕种类规范填写。同时，对农业部公告第 1100 号、第 1288 号关于"渔业捕捞许可证"样式中"核准作业内容"进行适当调整,详见附件3。

5. 本通告自 2014 年 6 月 1 日起施行,2003 年 10 月 28 日发布的《中华人民共和国农业部关于实施海洋捕捞网具最小网目尺寸制度的通告》(第 2 号)同时废止。

特此通告

附件:

1. 海洋捕捞准用渔具最小网目(或网囊)尺寸标准

2. 海洋捕捞过渡渔具最小网目(或网囊)尺寸标准

3. "渔业捕捞许可证"中"核准作业内容"修正样式和填写说明

农业部

2013 年 11 月 29 日

海洋捕捞准用渔具最小网目（或网囊）尺寸相关标准

海域	渔具分类名称		主捕种类	最小网目（或网囊）尺寸（毫米）	备注
	渔具类别	渔具名称			
黄渤海	刺网类	定置单片刺网、漂流单片刺网	梭子蟹、银鲳、海蜇	110	该类刺网由地方特许作业
			鲳鱼、马鲛、鳕鱼	90	
			对虾、鱿鱼、虾蛄、小黄鱼、梭鱼、斑鰶	50	
			颚针鱼	45	
			青鳞鱼	35	
			梅童鱼	30	
	围网类	漂流无下纲刺网	鲳鱼、马鲛、鳕鱼	90	
		单船无囊围网、双船无囊围网	不限	35	主捕青鳞鱼、前鳞骨鲻、斑鰶、金色小沙丁鱼、小公鱼的围网由地方特许作业
	杂渔具	船敷箕状敷网	不限	35	

（续）

海域	渔具分类名称		主捕种类	最小网目（或网囊）尺寸（毫米）	备注
	渔具类别	渔具名称			
东海	刺网类	定置单片刺网、流单片刺网	梭子蟹、银鲳、海蜇	110	
			鲳鱼、马鲛、石斑鱼、鲨鱼、黄姑鱼	90	
			小黄鱼、鲾鱼、鳎类、鱿鱼、黄鲫、梅童、龙头鱼	50	
	围网类	单船无囊围网、双船无囊围网	不限	35	主捕青鳞鱼、前鳞骨鲕、斑鲦、金色小沙丁鱼、小公鱼的围网由地方特许作业
		双船有囊围网			
	杂渔具	船敷箕状敷网、撑开掩箕掩罩	不限	35	
南海（含北部湾）	刺网类	定置单片刺网、流单片刺网	除凤尾鱼、多鳞鱚、少鳞鱚、银鱼、小公鱼以外的捕捞种类	50	该类刺网由地方特许作业
			凤尾鱼	30	
			多鳞鱚、少鳞鱚	25	
			银鱼、小公鱼	10	
		漂流无下纲刺网	除凤尾鱼、多鳞鱚、少鳞鱚、银鱼、小公鱼以外的捕捞种类	50	

（续）

海域	渔具分类名称		主捕种类	最小网目（或网囊）尺寸（毫米）	备注
	渔具类别	渔具名称			
南海（含北部湾）	围网类	单船无囊围网、双船无囊围网、双船有囊围网	不限	35	主捕青鳞鱼、前鳞骨鲻、斑鰶、金色小沙丁鱼、小公鱼的围网由地方特许作业
	杂渔具	船敷箕状敷网、撑开掩网掩罩	不限	35	

附件2

海洋捕捞过渡渔具最小网目（或网囊）尺寸相关标准

海域	渔具名称		主捕种类	最小网目（或网囊）尺寸（毫米）	备注
	渔具类别	渔具名称			
黄渤海	拖网类	单船桁杆拖网、单船框架拖网	虾类	25	
	刺网类	漂流双重刺网	梭子蟹、银鲳、海蜇	110	
		定置三重刺网	鳓鱼、马鲛、鳕鱼	90	
		漂流三重刺网	对虾、鱿鱼、虾蛄、小黄鱼、梭鱼、斑鰶	50	
	张网类	双桩有翼单囊张网、双桩竖杆张网、樯张竖杆张网、多锚单片张网、单桩框架张网、多桩竖杆张网、双锚竖杆张网	不限	35	主捕毛虾、鳗苗的张网由地方特许作业
	陷阱类	导陷建网陷阱	不限	35	
	笼壶类	定置串联倒须笼	不限	25	
黄海	拖网类	单船有翼单囊拖网、双船有翼单囊拖网	除虾类以外的捕捞种类	54	主捕鳀鱼的拖网由地方特许作业

（续）

海域	渔具类别	渔具名称	主捕种类	最小网目（或网囊）尺寸（毫米）	备注
东海	拖网类	单船有翼单囊拖网、双船有翼单囊拖网	除虾类以外的捕捞种类	54	主捕鳀鱼的拖网由地方特许作业
		单船桁杆拖网	虾类	25	
	刺网类	漂流双重刺网 定置三重刺网 漂流三重刺网	梭子蟹、银鲳、海蜇	110	
			鲕鱼、马鲛、石斑鱼、鲨鱼、黄姑鱼	90	
			小黄鱼、鳓鱼、鲷类、鱿鱼、黄鲫、梅童鱼、龙头鱼	50	
	围网类	单船有囊围网	不限	35	
	张网类	单锚张纲张网	不限	55	
		双锚有翼单囊张网	不限	50	

（续）

海域	渔具分类名称		主捕种类	最小网目（或网囊）尺寸（毫米）	备注
	渔具类别	渔具名称			
东海	张网类	双桩有翼单囊张网、双桩竖杆张网、樯张竖杆张网、多锚单片张网、单桩框架张网、双桩张纲张网、单桩桁杆张网、单锚框架张网、单锚桁杆张网、双桩张纲张网、船张框架张网、多锚框架张网、多锚单囊张网	不限	35	主捕毛虾、鳗苗的张网由地方特许作业
	陷阱类	导陷建网陷阱	不限	35	
	笼壶类	定置串联倒须笼	不限	25	
南海（含北部湾）	拖网类	单船有翼单囊拖网、双船有翼单囊拖网、单船底层单片拖网、双船底层单片拖网	除虾类以外的捕捞种类	40	
		单船桁杆拖网、单船框架拖网	虾类	25	

（续）

海域	渔具分类名称		主捕种类	最小网目（或网囊）尺寸（毫米）	备注
	渔具类别	渔具名称			
南海（含北部湾）	刺网类	漂流双重刺网、定置三重刺网、漂流三重刺网、定置双重刺网、漂流框格刺网	除凤尾鱼、多鳞鱚、少鳞鱚、银鱼、小公鱼以外的捕捞种类	50	
	围网类	单船有囊围网、手操无囊围网	不限	35	
	张网类	双桩有翼单囊张网、樯张竖杆张网、双桩竖杆纲张网、单桩桁杆张网、多桩竖杆张网、双锚单片张网、樯张单翼单囊张网、双锚有翼单翼张网、双锚有翼单囊张网	不限	35	主捕毛虾、鳗苗的张网由地方特许作业
	陷阱类	导陷建网陷阱	不限	35	
	笼壶类	定置串联倒须笼	不限	25	

附件 3

"渔业捕捞许可证"中"核准作业内容"修正样式和填写说明

核准作业内容（调整前）

船名：　　　　　许可证编号：

作业类型			
作业方式			
作业场所			
作业时限			
渔具	名称		
	数量		
	规格		
捕捞	品种		
	配额		
核准机关 （专用章）			
		年　月　日	年　月　日

核准作业内容（调整后）

船名：　　　　　许可证编号：

渔船	作业类型	9种作业类型之一	
	作业方式	最多填写2项	
	作业场所		
	作业时限		
渔具	名称	对应填写，不超过2项	
	规格		
	最小网目尺寸		
	携带数量		
捕捞	主捕种类		
	配额		
核准机关（专用章）		年　月　日	年　月　日

附录三　中日、中韩渔业协定水域示意图

中日、中韩渔业协定水域示意图

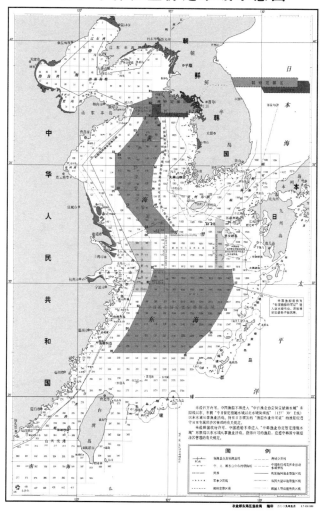

附录四 中越北部湾渔业合作协定水域示意图

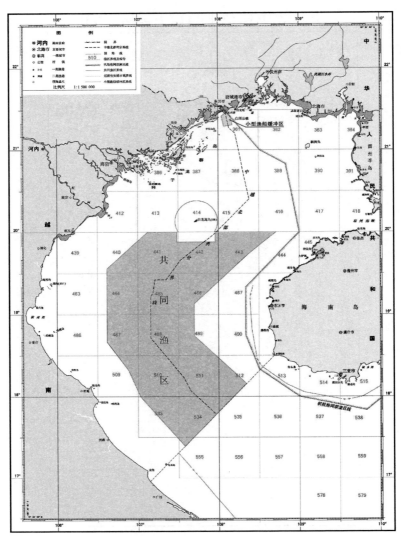

附录五　中华人民共和国领海基线基点

　　根据 1996 年 5 月 15 日《中华人民共和国政府关于中华人民共和国领海基线的声明》，以及 2012 年 9 月 10 日《中华人民共和国政府关于钓鱼岛及其附属岛屿领海基线的声明》，我国大陆领海的部分基线、西沙群岛的领海基线、钓鱼岛及其附属岛屿的领海基线如下：

一、大陆领海的部分基线为下列各相邻基点之间的直线连线

1. 山东高角（1）	37°24.0′ N	122°43.3′ E
2. 山东高角（2）	37°23.7′ N	122°42.3′ E
3. 镆岛（1）	36°57.8′ N	122°34.2′ E
4. 镆岛（2）	36°55.1′ N	122°32.7′ E
5. 镆岛（3）	36°53.7′ N	122°31.1′ E
6. 苏山岛	36°44.8′ N	122°15.8′ E
7. 朝连岛	35°53.6′ N	120°53.1′ E
8. 达山岛	35°00.2′ N	119°54.2′ E
9. 麻菜珩	33°21.8′ N	121°20.8′ E
10. 外磕脚	33°00.8′ N	121°38.4′ E
11. 佘山岛	31°25.3′ N	122°14.6′ E
12. 海礁	30°44.1′ N	123°09.4′ E
13. 东南礁	30°43.5′ N	123°09.7′ E
14. 两兄弟屿	30°10.1′ N	122°56.7′ E
15. 渔山列岛	28°53.3′ N	122°16.5′ E
16. 台州列岛（1）	28°23.9′ N	121°55.0′ E
17. 台州列岛（2）	28°23.5′ N	121°54.7′ E
18. 稻挑山	27°27.9′ N	121°07.8′ E

19. 东引岛	26°22.6′ N	120°30.4′ E
20. 东沙岛	26°09.4′ N	120°24.3′ E
21. 牛山岛	25°25.8′ N	119°56.3′ E
22. 乌丘屿	24°58.6′ N	119°28.7′ E
23. 东碇岛	24°09.7′ N	118°14.2′ E
24. 大柑山	23°31.9′ N	117°41.3′ E
25. 南澎列岛（1）	23°12.9′ N	117°14.9′ E
26. 南澎列岛（2）	23°12.3′ N	117°13.9′ E
27. 石碑山角	22°56.1′ N	116°29.7′ E
28. 针头岩	22°18.9′ N	115°07.5′ E
29. 佳蓬列岛	21°48.5′ N	113°58.0′ E
30. 围夹岛	21°34.1′ N	112°47.9′ E
31. 大帆石	21°27.7′ N	112°21.5′ E
32. 七洲列岛	19°58.5′ N	111°16.4′ E
33. 双帆	19°53.0′ N	111°12.8′ E
34. 大洲岛（1）	18°39.7′ N	110°29.6′ E
35. 大洲岛（2）	18°39.4′ N	110°29.1′ E
36. 双帆石	18°26.1′ N	110°08.4′ E
37. 陵水角	18°23.0′ N	110°03.0′ E
38. 东洲（1）	18°11.0′ N	109°42.1′ E
39. 东洲（2）	18°11.0′ N	109°41.8′ E
40. 锦母角	18°09.5′ N	109°34.4′ E
41. 深石礁	18°14.6′ N	109°07.6′ E
42. 西鼓岛	18°19.3′ N	108°57.1′ E
43. 莺歌嘴（1）	18°30.2′ N	108°41.3′ E
44. 莺歌嘴（2）	18°30.4′ N	108°41.1′ E
45. 莺歌嘴（3）	18°31.0′ N	108°40.6′ E
46. 莺歌嘴（4）	18°31.1′ N	108°40.5′ E
47. 感恩角	18°50.5′ N	108°37.3′ E

48. 四更沙角	19°11.6′ N	108°36.0′ E
49. 峻壁角	19°21.1′ N	108°38.6′ E

二、西沙群岛领海基线为下列各相邻基点之间的直线连线：

1. 东岛（1）	16°40.5′ N	112°44.2′ E
2. 东岛（2）	16°40.1′ N	112°44.5′ E
3. 东岛（3）	16°39.8′ N	112°44.7′ E
4. 浪花礁（1）	16°04.4′ N	112°35.8′ E
5. 浪花礁（2）	16°01.9′ N	112°32.7′ E
6. 浪花礁（3）	16°01.5′ N	112°31.8′ E
7. 浪花礁（4）	16°01.8′ N	112°29.8′ E
8. 中建岛（1）	15°46.5′ N	111°12.6′ E
9. 中建岛（2）	15°46.4′ N	111°12.1′ E
10. 中建岛（3）	15°46.4′ N	111°11.8′ E
11. 中建岛（4）	15°46.5′ N	111°11.6′ E
12. 中建岛（5）	15°46.7′ N	111°11.4′ E
13. 中建岛（6）	15°46.9′ N	111°11.3′ E
14. 中建岛（7）	15°47.2′ N	111°11.4′ E
15. 北礁（1）	17°04.9′ N	111°26.9′ E
16. 北礁（2）	17°05.4′ N	111°26.9′ E
17. 北礁（3）	17°05.7′ N	111°27.2′ E
18. 北礁（4）	17°06.0′ N	111°27.8′ E
19. 北礁（5）	17°06.5′ N	111°29.2′ E
20. 北礁（6）	17°07.0′ N	111°31.0′ E
21. 北礁（7）	17°07.1′ N	111°31.6′ E
22. 北礁（8）	17°06.9′ N	111°32.0′ E
23. 赵述岛（1）	16°59.9′ N	112°14.7′ E
24. 赵述岛（2）	16°59.7′ N	112°15.6′ E

25. 赵述岛（3）	16°59.4′ N	112°16.6′ E
26. 北岛	16°58.4′ N	112°18.3′ E
27. 中岛	16°57.6′ N	112°19.6′ E
28. 南岛	16°56.9′ N	112°20.5′ E

三、钓鱼岛及其附属岛屿的领海基线

（一）钓鱼岛、黄尾岛、南小岛、北小岛、南屿、北屿、飞屿的领海基线为下列各相邻基点之间的直线连线

1. 钓鱼岛（1）	25°44.1′ N	123°27.5′ E
2. 钓鱼岛（2）	25°44.2′ N	123°27.4′ E
3. 钓鱼岛（3）	25°44.4′ N	123°27.4′ E
4. 钓鱼岛（4）	25°44.7′ N	123°27.5′ E
5. 海豚岛	25°55.8′ N	123°40.7′ E
6. 下虎牙岛	25°55.8′ N	123°41.1′ E
7. 海星岛	25°55.6′ N	123°41.3′ E
8. 黄尾屿	25°55.4′ N	123°41.4′ E
9. 海龟岛	25°55.3′ N	123°41.4′ E
10. 长龙岛	25°43.2′ N	123°33.4′ E
11. 南小岛	25°43.2′ N	123°33.2′ E
12. 鲳鱼岛	25°44.0′ N	123°27.6′ E
1. 钓鱼岛（1）	25°44.1′ N	123°27.5′ E

（二）赤尾屿的领海基线为下列各相邻基点之间的直线连线

1. 赤尾屿	25°55.3′ N	124°33.7′ E
2. 望赤岛	25°55.2′ N	124°33.2′ E
3. 小赤尾岛	25°55.3′ N	124°33.3′ E
4. 赤背北岛	25°55.5′ N	124°33.5′ E
5. 赤背东岛	25°55.5′ N	124°33.7′ E
1. 赤尾屿	25°55.3′ N	124°33.7′ E

附录六　有关国家和地区的旗帜

在海上渔业执法过程中，当遇到非中国籍船舶时，判断该船舶所属国籍的基本方法是观察、判断其所悬挂的旗帜。船舶悬挂哪个国家的国旗或地区旗子，就表明其声称在该国或地区登记注册。以下是世界上几个主要国家及与我国海上相邻或相向国家的国旗，此外还有中国香港特别行政区、中国澳门特别行政区、中国台湾地区的旗帜。

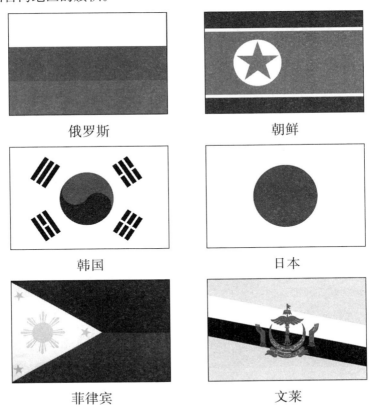

俄罗斯　　　　　　　　　　朝鲜

韩国　　　　　　　　　　日本

菲律宾　　　　　　　　　　文莱

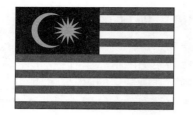

马来西亚

印度尼西亚

新加坡

越南

柬埔寨

泰国

澳大利亚

巴布亚新几内亚

印度

美国

法国

英国

中国澳门特别行政区

中国香港特别行政区

中国台湾地区

附录七　农业部批准的国家级水产种质资源保护区（海洋部分）

编号	保护区名称	所在地区
0003	东海带鱼国家级水产种质资源保护区	东海
0005	吕泗渔场小黄鱼银鲳国家级水产种质资源保护区	
0004	北部湾二长棘鲷长毛对虾国家级水产种质资源保护区	南海
0006	西沙群岛永乐环礁海域国家级水产种质资源保护区	
2101	双台子河口海蜇中华绒螯蟹国家级水产种质资源保护区	辽宁
2102	三山岛海域国家级水产种质资源保护区	
2103	海洋岛国家级水产种质资源保护区	
1304	秦皇岛海域国家级水产种质资源保护区	河北
1305	昌黎海域国家级水产种质资源保护区	
1306	南戴河海域国家级水产种质资源保护区	
1307	南大港国家级水产种质资源保护区	
1313	山海关海域国家级水产种质资源保护区	
3701	崆峒列岛刺参国家级水产种质资源保护区	山东
3703	长岛皱纹盘鲍光棘球海胆国家级水产种质资源保护区	
3704	海州湾大竹蛏国家级水产种质资源保护区	
3705	莱州湾单环刺螠近江牡蛎国家级水产种质资源保护区	
3706	靖海湾松江鲈鱼国家级水产种质资源保护区	
3709	蓬莱牙鲆黄盖鲽国家级水产种质资源保护区	
3710	黄河口半滑舌鳎国家级水产种质资源保护区	
3711	灵山岛皱纹盘鲍刺参国家级水产种质资源保护区	
3712	靖子湾国家级水产种质资源保护区	
3713	乳山湾国家级种质资源保护区	
3714	前三岛海域国家级水产种质资源保护区	
3715	小石岛刺参国家级水产种质资源保护区	

（续）

编号	保护区名称	所在地区
3716	桑沟湾国家级水产种质资源保护区	山东
3718	套尔河口海域国家级水产种质资源保护区	
3719	千里岩海域国家级水产种质资源保护区	
3720	日照海域西施舌国家级水产种质资源保护区	
3722	广饶海域竹蛏国家级水产种质资源保护区	
3724	长岛许氏平鲉国家级水产种质资源保护区	
3726	荣成楮岛藻类国家级水产种质资源保护区	
3727	日照中国对虾国家级水产种质资源保护区	
3728	无棣中国毛虾国家级水产种质资源保护区	
3729	月湖长蛸国家级水产种质资源保护区	
3730	泗水桃花水母国家级水产种质资源保护区	
3201	海州湾中国对虾国家级水产种质资源保护区	江苏
3206	蒋家沙竹根沙泥螺文蛤国家级水产种质资源保护区	
3221	如东大竹蛏西施舌国家级水产种质资源保护区	
3301	乐清湾泥蚶国家级水产种质资源保护区	浙江
3304	象山港蓝点马鲛国家级水产种质资源保护区	
3501	官井洋大黄鱼国家级水产种质资源保护区	福建
3503	漳港西施舌国家级水产种质资源保护区	
4402	上下川岛中国龙虾国家级水产种质资源保护区	广东
4413	鉴江口尖紫蛤国家级水产种质资源保护区	
4415	汕尾碣石湾鲻鱼长毛对虾国家级水产种质资源保护区	
4601	西沙东岛海域国家级水产种质资源保护区	海南
4406	海陵湾近江牡蛎国家级水产种质资源保护区	

附录八　海洋渔业行政处罚速查表

类型	序号	违法行为	违反法律法规条款	处罚依据	处罚对象、种类及幅度
渔业资源保护与捕捞管理	1	使用炸鱼、毒鱼、电鱼等破坏渔业资源方法进行捕捞	《中华人民共和国渔业法》第三十条第一款	《中华人民共和国渔业法》第三十条第一款	没收渔获物和违法所得，处五万元以下罚款；情节严重的，没收渔具，吊销捕捞许可证；情节特别严重的，可以没收渔船；构成犯罪的，依法追究刑事责任
	2	违反禁渔区、禁渔期规定进行捕捞	《中华人民共和国渔业法》第三十条第一款	《中华人民共和国渔业法》第三十条第一款	没收渔获物和违法所得，处五万元以下罚款；情节严重的，没收渔具，吊销捕捞许可证；情节特别严重的，可以没收渔船；构成犯罪的，依法追究刑事责任
	3	使用禁用渔具、捕捞方法进行捕捞	《中华人民共和国渔业法》第三十条第一款	《中华人民共和国渔业法》第三十条第一款	没收渔获物和违法所得，处五万元以下罚款；情节严重的，没收渔具，吊销捕捞许可证；情节特别严重的，可以没收渔船；构成犯罪的，依法追究刑事责任

（续）

类型	序号	违法行为	违反法律法规条款	处罚依据	处罚对象、种类及幅度
渔业资源保护与捕捞管理	4	使用小于最小网目尺寸的网具进行捕捞	《中华人民共和国渔业法》第三十条第一款	《中华人民共和国渔业法》第三十八条第一款	没收渔获物和违法所得，处五万元以下罚款；情节严重的，没收渔具、吊销捕捞许可证；情节特别严重的，可以没收渔船，构成犯罪的，依法追究刑事责任
	5	捕捞的渔获物中的幼鱼超过规定比例	《中华人民共和国渔业法》第三十条第一款	《中华人民共和国渔业法》第三十八条第一款	没收渔获物和违法所得，处五万元以下罚款；情节严重的，没收渔具、吊销捕捞许可证；情节特别严重的，可以没收渔船，构成犯罪的，依法追究刑事责任
	6	无证捕捞（未依法取得渔业捕捞许可证）	《中华人民共和国渔业法》第二十三条第一款	《中华人民共和国渔业法》第四十一条	没收渔获物和违法所得，并处十万元以下的罚款；情节严重的，并可以没收渔具和渔船
		无证捕捞（使用无效的渔业捕捞许可证或者无正当理由不能提供渔业捕捞许可证）	《中华人民共和国渔业法》第二十三条第一款、《渔业捕捞许可管理规定》第十六条第二款	《中华人民共和国渔业法》第四十一条、《渔业捕捞许可管理规定》第四十七条第二款	

（续）

类型	序号	违法行为	违反法律法规条款	处罚依据	处罚对象、种类及幅度
渔业资源保护与捕捞管理	7	违反作业类型、场所、时限和渔具数量的规定进行捕捞	《中华人民共和国渔业法》第二十五条	《中华人民共和国渔业法》第四十二条	没收渔获物和违法所得，可以并处五万元以下的罚款；情节严重的，并可以没收渔具，吊销捕捞许可证
	8	涂改、买卖、出租或者以其他形式转让捕捞许可证	《中华人民共和国渔业法》第二十三条第三款	《中华人民共和国渔业法》第四十三条	没收违法所得，吊销捕捞许可证，可以并处一万元以下罚款；伪造、变造、买卖捕捞许可证，构成犯罪的，依法追究刑事责任
	9	未经批准在水产种质资源保护区从事捕捞活动	《中华人民共和国渔业法》第二十九条	《中华人民共和国渔业法》第四十五条	责令立即停止捕捞，没收渔获物和渔具，可以并处一万元以下的罚款

（续）

类型	序号	违法行为	违反法律法规条款	处罚依据	处罚对象、种类及幅度
渔业水域生态环境保护	10	排放污染物：（1）渔港水域内非军事船舶和渔港外渔业船舶向海域排放禁止排放的污染物或者其他污染物，违法向海洋排放污染物或者超过标准排放污染物的行为；（2）向渔业水域排放的污染物不符合《中华人民共和国海洋环境保护法》禁止排放的污染物的，不按照《中华人民共和国海洋环境保护法》规定向渔业水域排放污染物或者超过标准排放污染物	《中华人民共和国海洋环境保护法》第六十二条第一款	《中华人民共和国海洋环境保护法》第七十二条	有下列行为之一的，由依照本法规定行使海洋环境监督管理权的部门责令限期改正，并处以罚款：（一）向海域排放本法禁止排放的污染物或者其他物质的，处三万以上二十万以下的罚款；（二）不按本法规定向海洋排放污染物，或者超过标准排放污染物的，处二万以上十万以下的罚款
	11	渔港水域内的非军事船舶和渔港水域外的渔业船舶违反《中华人民共和国海洋环境保护法》的规定，因发生事故或者其他突发性事件，造成海洋污染事故，不立即采取处理措施的行为	《中华人民共和国海洋环境保护法》第七十三条第一款第四项	《中华人民共和国海洋环境保护法》第七十三条	因发生事故或者其他突发性事件，造成海洋污染事故，不立即采取处理措施的，由依照本法规定行使海洋环境监督管理权的部门责令限期改正，并处以二万元以上十万元以下的罚款

（续）

类型	序号	违法行为	违反法律法规条款	处罚依据	处罚对象、种类及幅度
渔业水域生态环境保护	12	违反污染物申报和污染事故报告规定，（1）不按照规定申报，甚至拒报污染物排放有关事项，或者在申报时弄虚作假的；（2）发生事故或者其他突发性事件不按照规定报告，以及拒报谎报船舶载运污染危害性货物申报事项的	《中华人民共和国海洋环境保护法》第十七条	《中华人民共和国海洋环境保护法》第七十四条	有下列违法行为之一的，由依照《中华人民共和国海洋环境保护法》行使海洋环境监督管理权的部门予以警告，或者处以罚款。如果处以罚款，对于不按照规定申报污染物排放有关事项，或者在申报时弄虚作假的，处二万元以下的罚款；对于发生事故或者其他突发性事件不按照规定报告、以及拒报谎报船舶载运污染危害性货物申报事项的，处五万元以下的罚款
	13	渔港水域内的非军事船舶和渔港水域外的渔业船舶拒绝现场检查，或者在被检查时弄虚作假的行为	《中华人民共和国海洋环境保护法》第十九条第二款	《中华人民共和国海洋环境保护法》第七十五条	拒绝现场检查，或者在接受检查时弄虚作假的，由行使海洋环境监督管理权的部门予以警告，并处二万元以下的罚款

（续）

类型	序号	违法行为	违反法律法规条款	处罚依据	处罚对象、种类及幅度
渔业水域生态环境保护	14	违反渔港、渔业船舶的防污染规定：（1）渔业港口、码头及渔业船舶未配备防污设施、器材的；（2）渔业船舶未持有防污证书、防污文书，或者不按照规定记载排污记录的；（3）在渔港水域拆解船、旧船改装、打捞和其他水上、水下施工作业，造成海洋环境污染损害的	《中华人民共和国海洋环境保护法》第六十三条、第六十四条、第七十条等相关条款规定	《中华人民共和国海洋环境保护法》第八十八、八十九条	有下列行为之一的，由行使海洋环境监督管理权的部门予以警告，或者处以罚款。对于渔业港口、码头渔业船舶未配备防污设施、器材的，处二万元以上十万元以下的罚款；对于渔业船舶未持有防污证书、防污文书，或者不按照规定记载排污记录的，处二万元以下的罚款；对于在渔港水域拆解船、旧船改装、打捞和其他水上、水下施工作业，造成海洋环境污染损害的，处五万元以上二十万元以下的罚款。船舶、石油平台和装卸油类的港口、码头、装卸站不编制溢油应急计划的，由行使海洋环境监督管理权的部门予以警告，或者责令限期改正。据此，对于渔业船舶不编制溢油应急计划的，可由行使海洋环境监督管理权的部门予以警告或责令限期改正、罚款

（续）

类型	序号	违法行为	违反法律法规条款	处罚依据	处罚对象、种类及幅度
渔业水域生态环境保护	15	造成海洋环境污染	《中华人民共和国海洋环境保护法》相关条款规定	《中华人民共和国海洋环境保护法》第九十条	对造成一般或者较大海洋环境污染事故的，按照直接损失的百分之二十计算罚款；对造成重大或者特大海洋环境污染事故的，按照直接损失的百分之三十计算罚款
	16	造成海洋水产资源破坏	《中华人民共和国海洋环境保护法》相关条款规定	《中华人民共和国海洋环境保护法》第七十六条	造成珊瑚礁、红树林等海洋生态系统及海洋水产资源、海洋保护区破坏的，由依照本法规定行使海洋环境监督管理权的部门责令限期改正和采取补救措施，并处一万元以上十万元以下的罚款；有违法所得的，没收其违法所得
渔港管理	17	未按规定持有防污证书与文书，或不如实记录涉及污染物排放及操作信息	《中华人民共和国防止船舶污染海域管理条例》第十一条	《中华人民共和国渔业港航监督行政处罚规定》第十二条二款	对船长处以警告，情节严重的，并处100元以上1000元以下罚款

（续）

类型	序号	违法行为	违反法律法规条款	处罚依据	处罚对象、种类及幅度
渔船管理	18	未按规定持有船舶国籍证书、检验证书	《中华人民共和国海上交通安全法》第九条、第十条，《中华人民共和国渔港水域交通安全管理条例》第十三条和《中华人民共和国渔业船舶登记办法》第二十三条	《中华人民共和国渔业港航监督行政处罚规定》第十五条	对船长处以警告，责令其改正，并可处 200 元以上 1000 元以下罚款
	19	持无效的渔业船舶国籍证书或船舶检验证书，或者擅自刷写船名（船号）、船籍港	《中华人民共和国渔业法》第二十六条	《中华人民共和国渔业港航监督行政处罚规定》第十六条第一项	对船舶所有者或者经营者处船价 2 倍以下的罚款
	20	伪造渔业船舶国籍证书、所有权证书或检验证书	《中华人民共和国渔业船舶登记办法》第五十条、《中华人民共和国渔业船舶检验条例》第三十七条	《中华人民共和国渔业港航监督行政处罚规定》第十六条第二项	对船舶所有者或者经营者处船价 2 倍以下的罚款

（续）

类型	序号	违法行为	违反法律法规条款	处罚依据	处罚对象、种类及幅度
渔船管理	21	冒用他船船名或船舶检验证书	《渔业船舶登记办法》第九条第一款	《中华人民共和国渔业港航监督行政处罚规定》第十六条第四项	对船舶所有者或者经营者处船价2倍以下的罚款
	22	渔业船舶改建后，未按规定办理变更登记	《中华人民共和国渔业船舶登记办法》第三十三条	《中华人民共和国渔业港航监督行政处罚规定》第十七条	对船舶所有者处5000元以上20000元以下罚款（变更主机功率的，从重处罚）
	23	使用过期渔业船舶国籍证书	《中华人民共和国渔业船舶登记办法》第四十五条	《中华人民共和国渔业港航监督行政处罚规定》第十九条	限期改正。过期不改的，责令其停航，并对船舶所有者或经营者处1000元以上10000元以下罚款
	24	未按规定标写船名、船籍港或没有悬挂船名牌	《渔业船舶船名规定》第二条	《中华人民共和国渔业港航监督行政处罚规定》第二十条第一项	限期改正。对船舶所有者或经营者处200元以上1000元以下罚款
	25	擅自使用遇险求救信号	/	《中华人民共和国渔业港航监督行政处罚规定》第二十条第二款	限期改正。对船舶所有者或经营者处200元以上1000元以下罚款

（续）

类型	序号	违法行为	违反法律法规条款	处罚依据	处罚对象、种类及幅度
船员管理	26	没有配备、不正确填写或污损航海日志、轮机日志	《中华人民共和国渔业船员管理办法》第二十二条第三项、《渔业船舶航行值班准则（试行）》第六条	《中华人民共和国渔业港航监督行政处罚规定》第二十条第三款	对船舶所有者或经营者处 200 元以上 1000 元以下罚款。
	27	未按规定配备救生、消防设备	《中华人民共和国渔业船员管理办法》第二十三条第二项	《中华人民共和国渔业港航监督行政处罚规定》第二十一条	限期改正。对船舶所有者或经营者处 200 元以上 1000 元以下罚款
	28	未按规定配齐职务船员	《中华人民共和国渔业船员管理办法》第二十三条第二项、《中华人民共和国渔港水域交通安全管理条例》第二十二条	《中华人民共和国渔业船员管理办法》第四十七条更适合《中华人民共和国渔业港航监督行政处罚规定》第二十二条	对船长处 2000 元以上 2 万元以下罚款；情节严重的，并处暂扣渔业船员证书 6 个月以上 2 年以下，直至吊销渔业船员证书的处罚

（续）

类型	序号	违法行为	违反法律法规条款	处罚依据	处罚对象、种类及幅度
船员管理	29	渔业船员未持有有效的渔业船员证书	《中华人民共和国渔业船员管理办法》第二十一条第一项	《中华人民共和国渔业船员管理办法》第四十二条	责令改正，可处 2000 元以下罚款
	30	超过核定航区和抗风等级航行作业	《中华人民共和国海上交通安全法》第三十五条	《中华人民共和国渔业港航监督行政处罚规定》第二十三条第一款第三项	对船长或直接责任人处 200 元以上 1000 元以下罚款
	31	伪造、变造、买卖船员证书	《中华人民共和国海上交通安全法》第十三条第二款、《中华人民共和国内河交通安全管理条例》第九条、《中华人民共和国渔业船员管理办法》第十六条	《中华人民共和国渔业船员管理办法》第四十一条	伪造、变造、买卖渔业船员证书的，由渔政渔港管理机构收缴有关证书，处 2 万元以上 10 万元以下罚款；有违法所得的，还应当没收违法所得。
	32	船员证书持证人与证书所载内容不符	《中华人民共和国渔港水域交通安全管理条例》第十四条	《中华人民共和国渔业港航监督行政处罚规定》第二十八条	收缴所持证书，对当事人或直接责任人处 50 元以上 200 元以下罚款

（续）

类型	序号	违法行为	违反法律法规条款	处罚依据	处罚对象、种类及幅度
其他安全管理	33	对损坏航标与设施，或造成航标与设施失效、移位、流失	《中华人民共和国海上交通安全法》第二十三条、《中华人民共和国航标条例》第十五、十六条	《中华人民共和国渔业港航监督行政处罚规定》第三十条	责令其照价赔偿，对责任人员处 500 元以上 1000 元以下罚款
	34	造成航标与设施损坏或者失效、移位、流失而不向主管机关报告	《中华人民共和国航标条例》第十四条第二款	《中华人民共和国渔业港航监督行政处罚规定》第三十条第二款	责令其照价赔偿，对责任人员处 500 元以上 1000 元以下罚款（一般应从重处罚）
	35	发现有人遇险、遇难或收到求救信号、在不危及自身安全的情况下，不提供救助或不服从渔政监督管理机关救助指挥	《渔港水域交通安全管理条例》第六条第二款	《中华人民共和国渔业港航监督行政处罚规定》第三十二条第一项	对船长处 500 元以上 1000 元以下罚款，扣留职务船员证书 3 至 6 个月；造成严重后果的，吊销职务船员证书
	36	发生碰撞事故，接到主管机关守候现场或指定地点接受调查的指令后，擅离现场或拒不到指定地点	《中华人民共和国渔业船舶水上安全事故报告和调查处理规定》第二十条	《中华人民共和国渔业港航监督行政处罚规定》第三十二条第二项	对船长处 500 元以上 1000 元以下罚款，扣留职务船员证书 3 至 6 个月；造成严重后果的，吊销职务船员证书

（续）

类型	序号	违法行为	违反法律法规条款	处罚依据	处罚对象、种类及幅度
外国船舶管理	37	外国人、外国船舶在中华人民共和国内水、领海内从事捕捞、补给或转载渔获物等渔业生产活动	《中华人民共和国渔业法》第八条第一款，《中华人民共和国管辖海域外国人、外国船舶渔业活动管理暂行规定》第四条	《中华人民共和国渔业法》第四十六条，《中华人民共和国管辖海域外国人、外国船舶渔业活动管理暂行规定》第十二条	可处以没收渔获物、没收渔具，处50万元以下罚款；情节严重的，可以没收渔船
	38	外国人、外国船舶未经批准，在中华人民共和国内水、领海内从事生物资源调查活动	《中华人民共和国渔业法》第八条第一款，《中华人民共和国管辖海域外国人、外国船舶渔业活动管理暂行规定》第三条	《中华人民共和国渔业法》第四十六条，《中华人民共和国管辖海域外国人、外国船舶渔业活动管理暂行规定》第十三条	可处以没收渔获物、没收渔具，处40万元以下罚款；情节严重的，可以没收渔船。
	39	外国人、外国船舶未经批准，在中华人民共和国专属经济区和大陆架从事渔业捕捞、补给或转载渔获物等生产活动	《中华人民共和国渔业法》第八条第一款，《中华人民共和国管辖海域外国人、外国船舶渔业活动管理暂行规定》第三条	《中华人民共和国渔业法》第四十六条，《中华人民共和国管辖海域外国人、外国船舶渔业活动管理暂行规定》第十三条	可处以没收渔获物、没收渔具，处40万元以下罚款；情节严重的，可以没收渔船。

附　录

（续）

类型	序号	违法行为	违反法律法规条款	处罚依据	处罚对象、种类及幅度
外国船舶管理	40	外国人、外国船舶未经批准，在中华人民共和国专属经济区和大陆架从事生物资源调查活动	《中华人民共和国渔业法》第八条第一款，《中华人民共和国管辖海域外国人、外国船舶渔业活动管理暂行规定》第三条	《渔业法》第四十六条，《中华人民共和国管辖海域外国人、外国船舶渔业活动管理暂行规定》第十三条	可处以没收渔获物、没收渔具，处30万元以下罚款；情节严重的，可以没收渔船。
	41	外国人、外国船舶在中华人民共和国专属经济区和大陆架从事渔业生产、生物资源调查活动未按许可的作业区域、时间、类型、作业功率、吨位作业	《中华人民共和国渔业法》第八条第一款，《中华人民共和国管辖海域外国人、外国船舶渔业活动管理暂行规定》第八条	《中华人民共和国管辖海域外国人、外国船舶渔业活动管理暂行规定》第十四条	可处以没收渔获物、没收渔具和30万元以下罚款
	42	外国人、外国船舶在中华人民共和国专属经济区和大陆架从事渔业生产、生物资源调查活动超过核定捕捞定额	《中华人民共和国渔业法》第八条第一款，《中华人民共和国管辖海域外国人、外国船舶渔业活动管理暂行规定》第八条	《中华人民共和国管辖海域外国人、外国船舶渔业活动管理暂行规定》第十四条	可处以没收渔获物、没收渔具和30万元以下罚款

（续）

类型	序号	违法行为	违反法律法规条款	处罚依据	处罚对象、种类及幅度
外国船舶管理	43	外国人、外国船舶在中华人民共和国专属经济区和大陆架从事渔业生产、生物资源调查活动未按规定填写渔捞日志	《中华人民共和国渔业法》第八条第一款、《中华人民共和国管辖海域外国人、外国船舶渔业活动管理暂行规定》第八条	《中华人民共和国管辖海域外国人、外国船舶渔业活动管理暂行规定》第十五条	没收违法所得，并可处5万元以下的罚款；情节严重的，可没收渔具、吊销捕捞许可证
	44	外国人、外国船舶在中华人民共和国专属经济区和大陆架从事渔业生产、生物资源调查活动未按规定向指定的监督机构报告船位、渔捞情况等信息	《中华人民共和国渔业法》第八条第一款、《中华人民共和国管辖海域外国人、外国船舶渔业活动管理暂行规定》第八条	《中华人民共和国管辖海域外国人、外国船舶渔业活动管理暂行规定》第十五条	没收违法所得，并可处5万元以下的罚款；情节严重的，可没收渔具、吊销捕捞许可证
	45	外国人、外国船舶在中华人民共和国专属经济区和大陆架从事渔业生产、生物资源调查活动未按规定标识作业船舶	《中华人民共和国渔业法》第八条第一款、《中华人民共和国管辖海域外国人、外国船舶渔业活动管理暂行规定》第八条	《中华人民共和国管辖海域外国人、外国船舶渔业活动管理暂行规定》第十五条	没收违法所得，并可处5万元以下的罚款；情节严重的，可没收渔具、吊销捕捞许可证

（续）

类型	序号	违法行为	违反法律法规条款	处罚依据	处罚对象、种类及幅度
外国船舶管理	46	外国人、外国船舶在中华人民共和国专属经济区和大陆架从事渔业生产、生物资源调查活动未按规定的网具规格和网目尺寸作业	《中华人民共和国渔业法》第八条第一款、《中华人民共和国管辖海域外国人、外国船舶渔业活动管理暂行规定》第八条	《中华人民共和国管辖海域外国人、外国船舶渔业活动管理暂行规定》第十五条	没收违法所得，并可处 5 万元以下罚款；情节严重的，可没收渔具、吊销捕捞许可证
	47	外国船舶未取得入渔许可进入中华人民共和国管辖水域，或取得入渔许可但航行于许可作业区域以外的外国船舶，未将渔具收入舱内或未按规定捆扎、覆盖	《中华人民共和国渔业法》第八条第一款、《中华人民共和国管辖海域外国人、外国船舶渔业活动管理暂行规定》第十六条	《中华人民共和国管辖海域外国人、外国船舶渔业活动管理暂行规定》第十六条	可处以 3 万元以下罚款的处罚
	48	外国船舶未经批准进出中华人民共和国渔港	《中华人民共和国渔业法》第八条第一款、《渔港水域交通安全管理条例》第六条第一款	《中华人民共和国管辖海域外国人、外国船舶渔业活动管理暂行规定》第十七条	禁止其进、离港口，或者令其停航、改航，停止作业，并可处以 3 万元以下罚款

（续）

类型	序号	违法行为	违反法律法规条款	处罚依据	处罚对象、种类及幅度
外国船舶管理	49	外国船舶进出中华人民共和国渔港违反船舶装运、装卸危险品规定	《中华人民共和国渔业法》第八条第一款、《渔港水域交通安全管理条例》第八条	《中华人民共和国管辖海域外国人、外国船舶渔业活动管理暂行规定》第十七条	禁止其进、离港口，或者令其停航、改航，停止作业，并可处以3万元以下罚款的处罚
	50	外国船舶进出中华人民共和国渔港不服从渔政渔港监督管理机构指挥调度	《中华人民共和国渔业法》第八条第一款、《渔港水域交通安全管理条例》第六条第二款	《中华人民共和国管辖海域外国人、外国船舶渔业活动管理暂行规定》第十七条	禁止其进、离港口，或者令其停航、改航，停止作业，并可处以3万元以下罚款的处罚
	51	外国船舶进出中华人民共和国渔港拒不执行渔政渔港监督管理机构作出的离港、停航、改航、停止作业和禁止进、离港等决定	《中华人民共和国渔业法》第八条第一款、《渔港水域交通安全管理条例》第六条第二款	《中华人民共和国管辖海域外国人、外国船舶渔业活动管理暂行规定》第十七条	禁止其进、离港口，或者令其停航、改航，停止作业，并可处以3万元以下罚款的处罚

（续）

类型	序号	违法行为	违反法律法规条款	处罚依据	处罚对象、种类及幅度
外国船舶管理	52	外国人、外国船舶对中华人民共和国渔港及渔港水域造成污染	《中华人民共和国渔业法》第八条第一款、《海洋环境保护法》第六十二条第一款	《中华人民共和国管辖海域外国人、外国船舶渔业活动管理暂行规定》第十八条	可视情节及危害程度，处以警告或10万元以下的罚款对造成渔港水域环境污染损害的，可责令其支付消除污染费用，赔偿损失

图书在版编目（CIP）数据

海洋渔业行政执法实用手册／唐议，夏亮，褚荣良编著．—北京：中国农业出版社，2023.7
渔政执法海洋捕捞类系列培训教材
ISBN 978－7－109－28861－4

Ⅰ．①海…　Ⅱ．①唐…②夏…③褚…　Ⅲ．①渔业管理－行政执法－中国－培训－教材　Ⅳ．①D922.654

中国版本图书馆CIP数据核字（2021）第211925号

中国农业出版社出版
地址：北京市朝阳区麦子店街18号楼
邮编：100125
责任编辑：杨晓改　郑　珂　文字编辑：林维潘
版式设计：王　晨　责任校对：吴丽婷
印刷：中农印务有限公司
版次：2023年7月第1版
印次：2023年7月北京第1次印刷
发行：新华书店北京发行所
开本：850mm×1168mm　1/32
印张：4
字数：104千字
定价：58.00元
